드럼 어드벤쳐

Lesson Book 1

by Chris Baker **초급용**

《어드벤쳐 시리즈》 드럼 교재는 일렉 기타, 베이스 기타 교재와 함께 사용할 수 있습니다.

레슨 9부터 세 교재에 함께 수록된 악보가  기호로 표시되어 있습니다.

music tree

Foreword

세계적인 스테디셀러《A New Tune a Day》의 한국어판《어드벤쳐 시리즈》전권을 출간하게 된 것을 기쁘게 생각합니다.

최고의 전문가들이 참여하여 '가장 쉽게 시작하면서도, 정확하게 배울 수 있는 교수법'을 다년간 연구하였습니다. 이 교수법을 바탕으로 바이올린, 플루트, 기타 등 15개의 악기, 총 28권의 교재가 개발되었으며, 음대 교수님들과 오케스트라 음악감독 등 권위자의 감수를 통해 우수성을 검증받았습니다.

본 시리즈는 악기를 중간에 포기하는 일이 없도록 누구나 좋아하는 노래, 클래식, 재즈, 크리스마스 캐롤 등 친근한 레퍼토리를 통해 테크닉과 음악성을 동시에 길러주며, 세심하게 구성된 진도와 CD가 실력을 빠르게 쌓을 수 있도록 이끌어줄 것입니다. 각 악기별로 공통된 연주곡도 담겨있어 학교 앙상블 수업이나 동호회 연주회에도 효과적입니다. 바이올린 교재는 첼로, 비올라 교재와, 클라리넷은 색소폰과, 드럼은 베이스 기타, 일렉 기타 교재와 함께 사용할 수 있습니다.

《어드벤쳐 시리즈》로 평생 즐길 수 있는 나만의 악기를 찾고, 음악을 통해 새롭게 펼쳐질 풍요로운 삶을 누리시기 바랍니다.

한국어판 감수를 도와주신 서울대학교 최경환, 김재윤 교수님, 한국예술종합학교 오광호, 이강호, 이성우, 이성주, 이철웅 교수님을 비롯하여 원무연, 이하재, 조장휘, 진우경 교수님께 감사 드립니다.

🎼 《어드벤쳐 시리즈》만의 장점

- 교수법을 바탕으로 한 체계적인 진도
- 기초 음악이론과 클리닉을 위한 중간 테스트
- 관련 장비, 자세, 테크닉에 대한 친절한 설명
- 누구나 쉽게 배우는 그루브 차트

- 클래식, 재즈, 팝송 등 연주효과 탁월한 레퍼토리
- 각 레슨마다 학습목표 제시
- 자세와 운지법을 익힐 수 있는 사진과 그림
- 시범연주와 반주가 수록된 CD로 탁월한 연습효과

🎼 어드벤쳐 시리즈 구성

	악기 종류별 레슨 교재	병행 교재			악기 종류별 레슨 교재	병행 교재	
관악기	플루트 어드벤쳐 레슨 1, 2	연주 교재	스케일 & 아르페지오 교재	**현악기**	바이올린 어드벤쳐 레슨 1	연주 교재	스케일 & 아르페지오 교재
	클라리넷 어드벤쳐 레슨 1, 2	연주 교재			첼로 어드벤쳐 레슨 1	연주 교재	
	트럼펫 어드벤쳐 레슨 1	연주 교재			비올라 어드벤쳐 레슨 1	연주 교재	
	트롬본 어드벤쳐 레슨 1	연주 교재		**기타**	클래식 기타 어드벤쳐 레슨 1	연주 교재	
	알토 색소폰 어드벤쳐 레슨 1, 2	연주 교재			어쿠스틱 기타 어드벤쳐 레슨 1	연주 교재	
	테너 색소폰 어드벤쳐 레슨 1	연주 교재			일렉 기타 어드벤쳐 레슨 1	연주 교재	
타악기	드럼 어드벤쳐 레슨 1	연주 교재			베이스 기타 어드벤쳐 레슨 1	연주 교재	
건반악기	피아노 어드벤쳐 레슨 1	연주 교재					

《병행교재》

- **연주곡집**: 레슨 교재 1권 중반부터 병행교재로 함께 배우거나 독주, 앙상블 레퍼토리로 활용하면 좋습니다.
- **스케일&아르페지오 교재**: 모든 악기에 사용할 수 있는 스케일&아르페지오 교재에는 전통 클래식 음악에 사용되는 장음계와 단음계 외에도 록과 재즈 연주에 도움이 되는 블루스, 펜타토닉, 디미니쉬 스케일 등이 수록되어 있어 탄탄한 테크닉을 길러줍니다.

Contents

A New Tune *A* Day

This book © 2008 Boston Music Company,
a division of Music Sales Limited.

Edited by David Harrison
Music processed by Paul Ewers Music Design
Original compositions and arrangements by Chris Baker
Cover and book designed by Chloë Alexander
Photography by Matthew Ward
Models: Josh Bain and Ben Romans-Hopcraft
Backing tracks by Guy Dagul
CD performance by Chris Baker, Pete Kershaw and Steve Kershaw
CD mixed and mastered by Jonas Persson and John Rose

www.musicsales.com

이책의 한국어판 저작권은 Music Sales Limited와의
독점 계약으로 **music** tree 에 있습니다.

저작권법에 의해 한국 내에서 보호받는 저작물이므로 무단 전재와 복제 또는
연주 녹음을 금합니다.

음악의 첫걸음

보표

줄이 다섯 개라서 오선보라고도 합니다.
음표는 5개의 선 위에 그립니다. 모든 보표에는 악기의 음역을 나타내주는 음자리표가 있습니다.

타악기 음자리표: 드럼에 사용

보표에는 마디를 나누는 세로줄이 있습니다.
각 마디의 길이는 동일합니다.

음표와 쉼표의 길이

음표의 길이는 다양한 모양으로 나타냅니다. 음표와 길이가 같은 쉼표도 있습니다.
음표와 쉼표의 이름은 온음표를 몇 개로 나눌 수 있는지를 의미합니다.
온음표를 4로 나누면 4분음표, 8로 나누면 8분음표라고 합니다.

　　8분음표(반 박) = 8분쉼표(반 박)

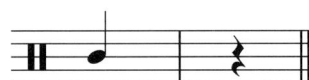　　4분음표(1박) = 4분쉼표(1박)

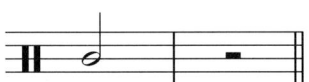　　2분음표(2박) = 2분쉼표(2박)

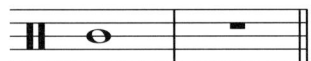　　온음표(4박) = 온쉼표(4박)

그 외의 음길이

음표 오른쪽에 점을 찍으면 원래 길이의 절반만큼 음표의 길이가 길어집니다.
예를 들어 점2분음표 하나의 길이는 2분음표와 4분음표를 더한 길이와 같습니다.

8분음표 묶기

둘 이상의 8분음표가 연달아 나올 경우 꼬리를
이렇게 연결할 수 있습니다.

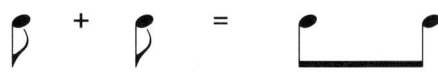

박자표

박자표는 음자리표 옆에 그립니다. 위의 숫자는 한 마디 안에 몇 개의 박이 들어가는지 알려주고,
아래의 숫자는 기준이 되는 음표를 나타냅니다.

드럼 *기보법

드럼 세트의 각 구성요소들마다 다른 기호를 씁니다.
《어드벤쳐 시리즈》는 타악예술협회(Percussive arts Society)에서 인증한 기보법을 사용합니다.

* 기보법 : 악보를 적는 방식

세로줄

여러 가지 종류의 세로줄 :

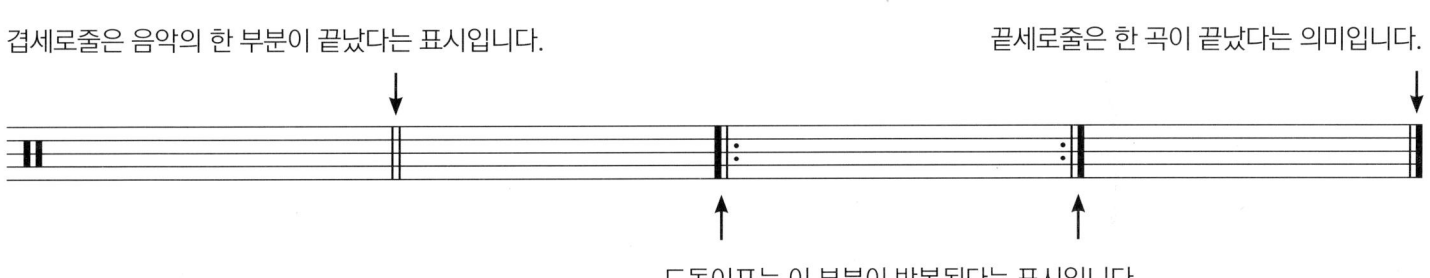

연주에 앞서

드럼 세트

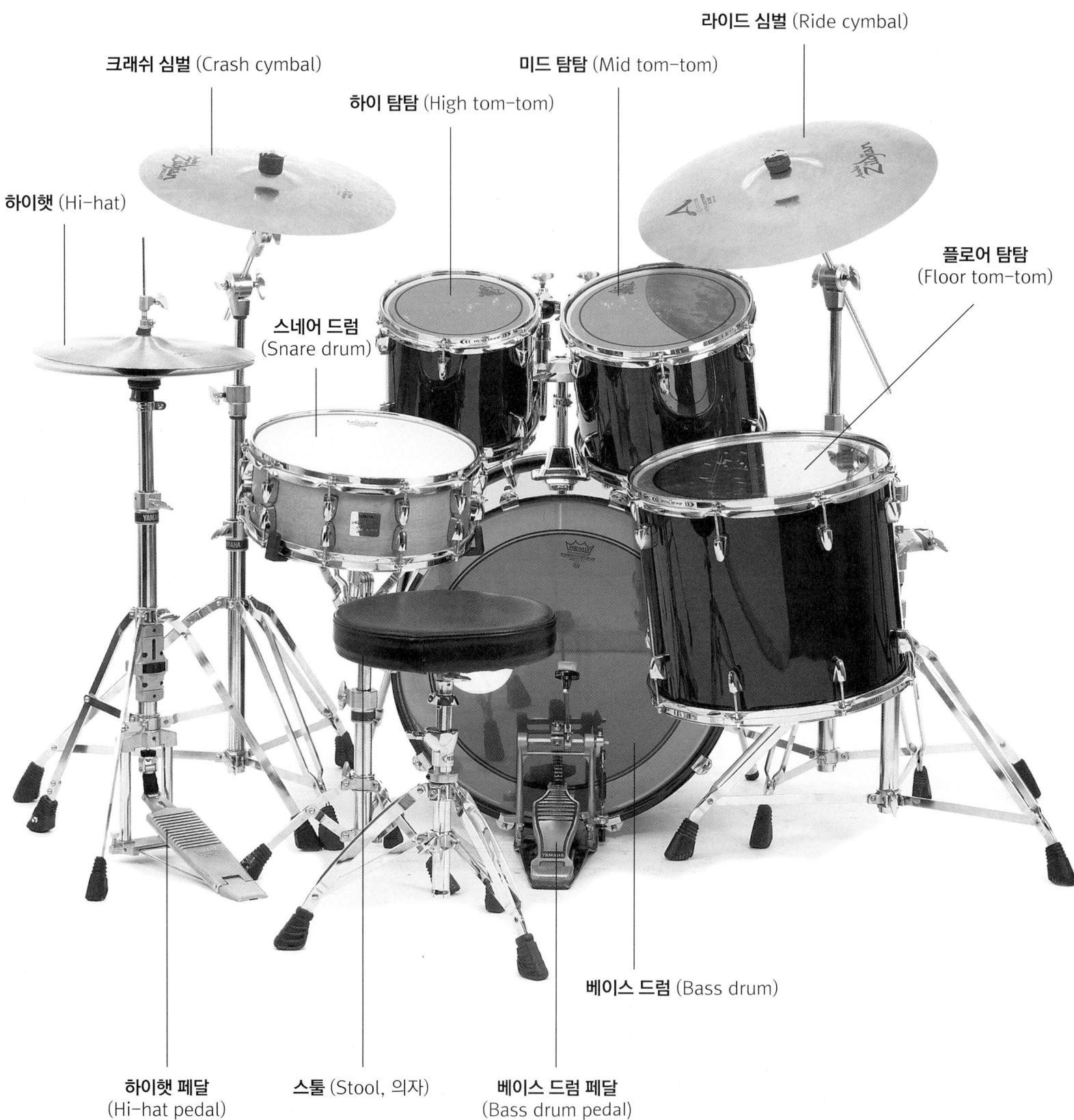

크래쉬 심벌 (Crash cymbal)

하이 탐탐 (High tom-tom)

미드 탐탐 (Mid tom-tom)

라이드 심벌 (Ride cymbal)

하이햇 (Hi-hat)

플로어 탐탐
(Floor tom-tom)

스네어 드럼
(Snare drum)

하이햇 페달
(Hi-hat pedal)

스툴 (Stool, 의자)

베이스 드럼 페달
(Bass drum pedal)

베이스 드럼 (Bass drum)

붐 (Boom)

심벌 스탠드 (Cymbal stand)

탐탐 홀더 (Tom-tom holder)

탐탐 암 (Tom-tom arm)

베이스 드럼 스퍼 (Bass drum spur)

베이스 드럼 후프 (Bass drum hoop)

라이드 심벌 (Ride cymbal)

엣지 (Edge)

벨 (Bell)

보우 (Bow)

스네어 드럼 (Snare drum)

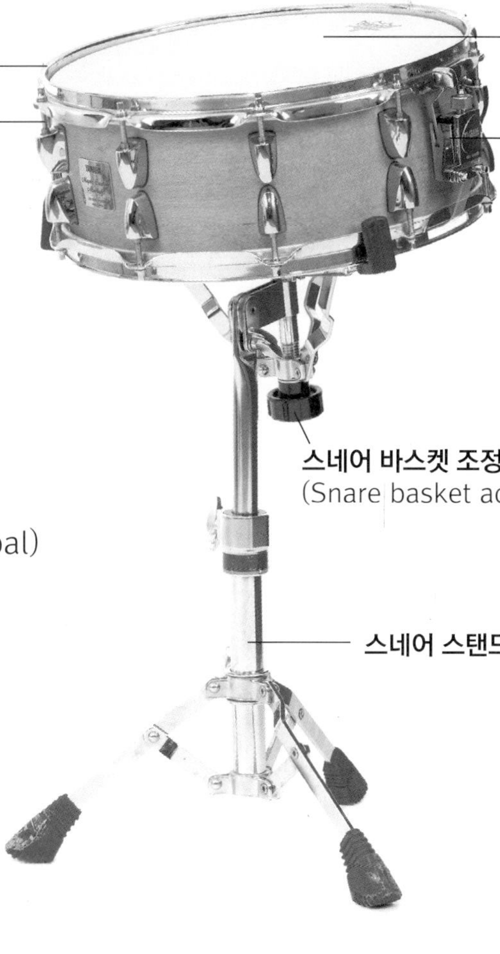

림 (Rim)

헤드 (Head)

텐션 로드 (Tension rod)

스네어 조이개 (Snare release lever or strainer)

스네어 바스켓 조정장치 (Snare basket adjustment knob)

하이햇 심벌 (Hi-hat cymbals)

크래쉬 심벌 (Crash cymbal)

스네어 스탠드 (Snare stand)

7

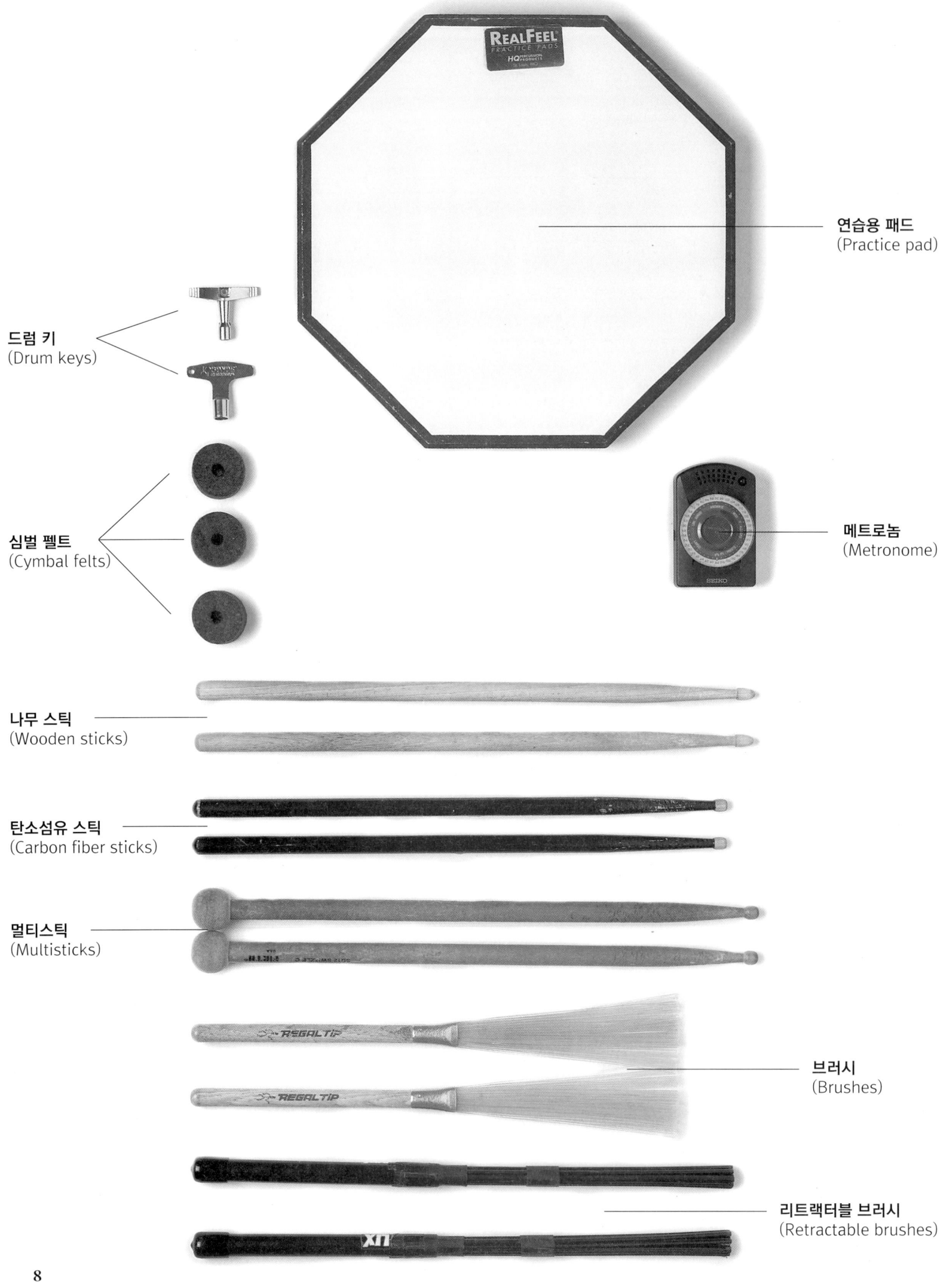

연습용 패드
(Practice pad)

드럼 키
(Drum keys)

심벌 펠트
(Cymbal felts)

메트로놈
(Metronome)

나무 스틱
(Wooden sticks)

탄소섬유 스틱
(Carbon fiber sticks)

멀티스틱
(Multisticks)

브러시
(Brushes)

리트랙터블 브러시
(Retractable brushes)

8

자세

편한 자세로 앉을 수 있도록 의자의 높이를 조절하세요. 허리와 어깨를 쭉 펴야 합니다. 손을 멀리 뻗지 않으면서 드럼 세트의 모든 파트에 손이 닿아야합니다. 어깨, 목, 허리가 아프지 않도록 바른 자세를 유지하세요.

그립 (스틱 잡는 법)

드럼의 연주법은 군악대의 스네어 드럼 연주에서 발전했습니다. 군악대에서 사용하던 전통방식의 그립을 사용하는 사람도 있지만, 매치드 그립(matched)을 더 선호하는 연주자가 많습니다.

1. 오른손 검지와 엄지 사이에 스틱을 두고, 스틱이 한 쪽으로 기울어지지 않는 지점을 찾아보세요.

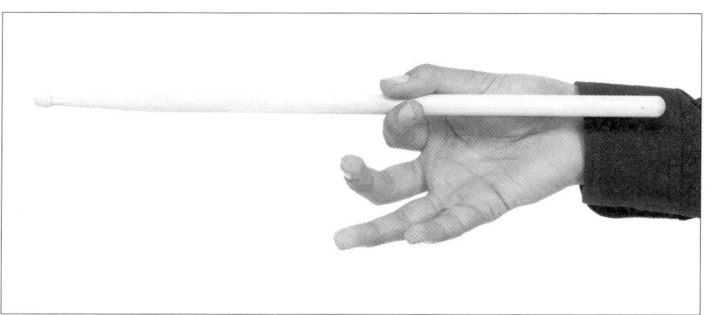

2. 나머지 손가락으로 가볍게 스틱을 받치세요.

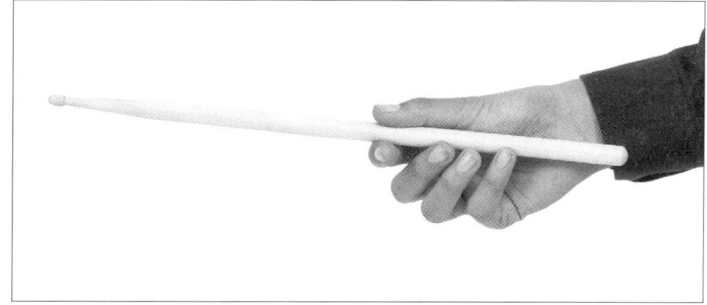

매치드 그립 (Matched grip)

매치드 그립은 양손의 그립이 같습니다.

많은 연주자들이 음악의 테크닉과 스타일에 따라 두 가지 그립 중 어느 것을 사용할지 결정합니다. 어느 그립을 사용하는 것이 좋을지 선생님이나 드럼 연주자와 상의해보세요.

레귤러 그립 (Regular grip / Traditional grip)

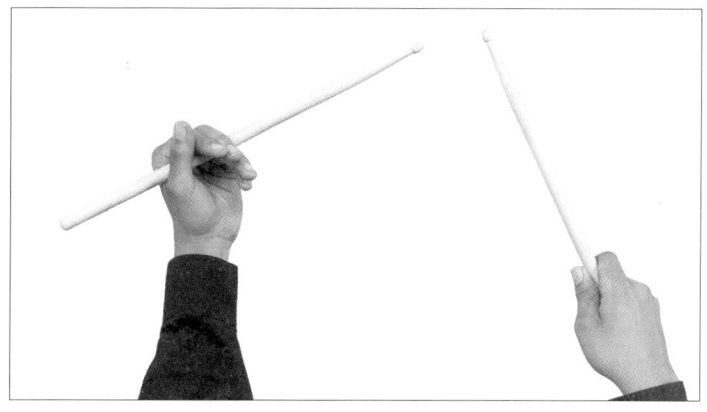

전통방식의 그립에서 왼손은 손바닥이 위를 향하도록 하여 스틱을 잡습니다. 이때 스틱은 중지와 약지 사이에 둡니다. 왼손의 경우에도 마찬가지로 스틱이 기울어지지 않는 지점을 찾아 보세요.

goals:

1. 워밍업
2. 악센트
3. 루디먼트 1: 싱글 스트로크 롤
4. 도돌이표
5. 박자 세며 연주하기

Tip

왼손잡이인 경우
이 책의 모든 악보에서
오른손(R)과 왼손(L)을
바꿔 연주하세요.

루디먼트 (Rudiment)

루디먼트는 드러밍에 사용되는 **기본 리듬 패턴**을 말합니다. 이 패턴들은 드럼을 연주하기 위한 기본 재료들이며,
다양하게 섞어 쓸 수 있습니다.
연습용 패드, 베개, 스네어 드럼, 드럼 세트 등에 대고 루디먼트를 항상 연습하세요.
루디먼트에 익숙해지면 자신만의 패턴, 필 인(fill in), 솔로(solo)를 만들어 연주할 수 있습니다.
우선은 스네어 드럼에서 루디먼트를 연주하는 것으로 시작하겠습니다.

워밍업

‖: :‖
는 도돌이표입니다.
이 기호 사이의
음악을 한 번 더
연주하라는 의미입니다.

연습 1. 여덟 박씩 반동으로

검지와 엄지로 스틱을 잡아보세요.

팔꿈치와 어깨는 내리고, 팔의 힘을 풀고
나머지 손가락으로 가볍게 스틱을 받칩니다.

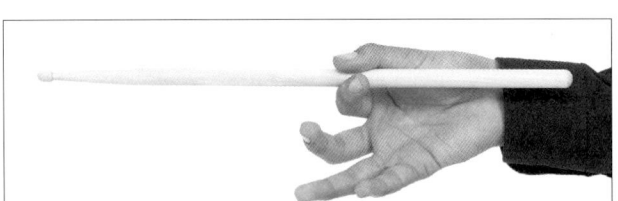
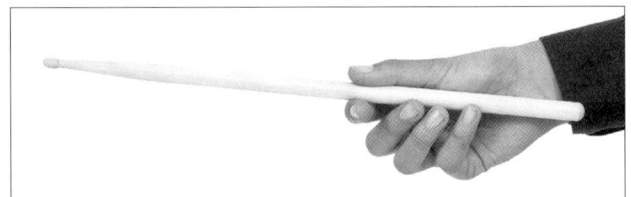

한 손에 8 *스트로크씩 연주해보세요.

스트로크를 하고 나면
스틱이 다시 튕겨 올라와
원래 위치로 돌아와야
합니다.

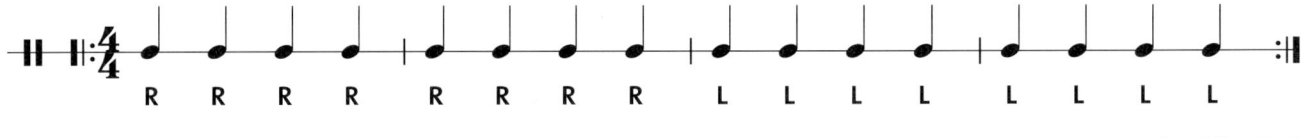

R R R R R R R R L L L L L L L L

* 스트로크: 채로 치는 주법

연습 2. 더블 스트로크

또렷한 더블 스트로크를
위해 첫 박과 둘째 박을
같은 크기로 연주하세요.

쉼표를 잘 보고 1박과 3박에 더블 스트로크를 해보세요.

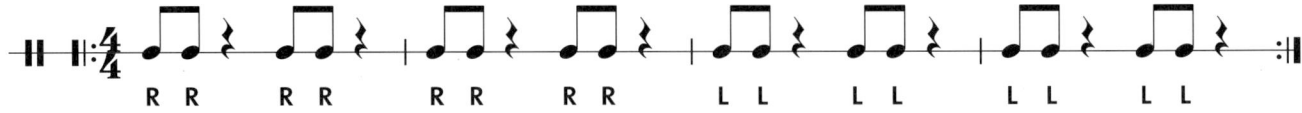

R R R R R R R R L L L L L L L L

연습 3. 하나에서 여덟까지

워밍업을 하면 몸의 긴장이
풀려 연주하기에 좋습니다.
처음에는 느리게
연습하세요.
연달아 연주하지 말고
한 번 연습할 때마다
살짝 쉬고 속도를 조금
올려보세요.

연주 전에 근육 워밍업을 하기에 좋은 연습입니다. 각 손으로 싱글 스트로크를 1번씩 연주하세요. 그 다음에는 한 손에
2번씩, 3번씩 차례로 번갈아 연주하며 한 손에 8번 할 때까지 합니다. 천천히 시작해서 익숙해지면 속도를 내보세요.

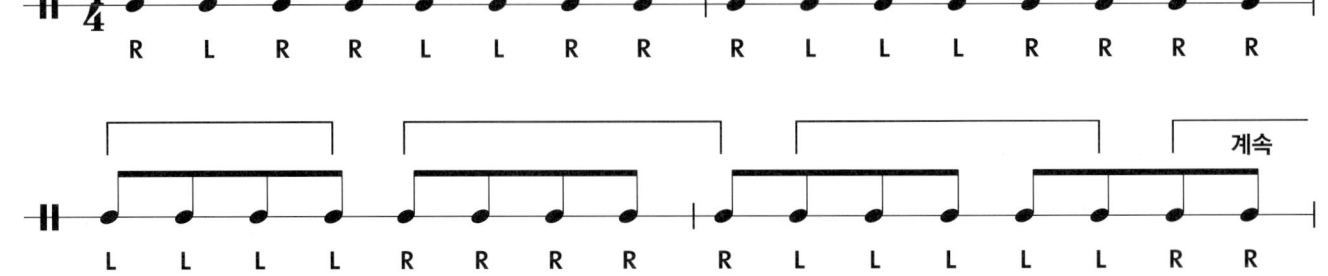

R L R R R L L L R R R R R L L L L R R R R R

L L L L L R R R R R R R R L L L L L L R R R

계속

악센트 (Accent)

악센트 (>)는 한 음을 강조하여 연주하는 것입니다. 아래 악보는 연습 3과 동일합니다. 악센트 기호가 있는 음을 조금 더 크게
연주해보세요.

Tip

메트로놈에 맞춰
연습하세요. 최대한 몸의
힘을 풀고 오른손과
왼손의 균형을 유지하세요.

연습 4. 싱글 스트로크 롤을 위한 준비

모든 스트로크가 고르게 소리 나도록 일정한 박을 유지하며 연습해보세요.

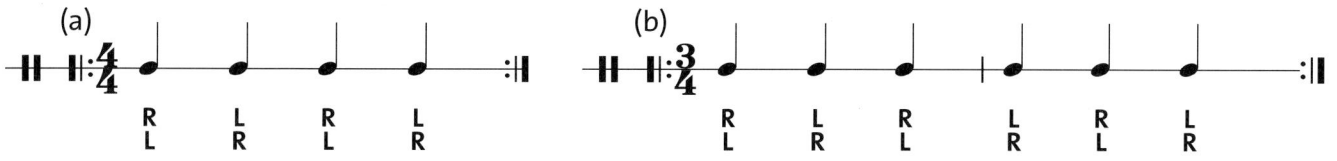

루디먼트 1: 싱글 스트로크 롤 (Single Stroke Roll)

한 손에 한 번씩 번갈아 스트로크를 하는 루디먼트입니다. 스피드를 내려면 처음에는 정확한 박으로 느리게 연습하세요.

* 1 + a는 '원 애 나'로 읽거나 '하 아 나'로 읽으세요.

** 1 e + a는 '원 이 애 나'로 읽거나 '하 아 나 아'로 읽으세요.

Lesson 1

* 초견 연습

먼저 천천히 연습하고, 익숙해지면 메트로놈에 맞춰 다양한 ** 템포로 연주해보세요.
부록 CD를 들으면 루디먼트와 연습곡을 익히는 데 도움이 될 것입니다.

(a)

(b)

(c)

(d)

* 초견 : 처음 보는 악보를 연주하는 것
** 템포 : 곡의 빠르기, 레슨 6 참고

레슨 1을 위한 연주곡

Au Clair de la Lune (달빛 아래에서)

프랑스 민요

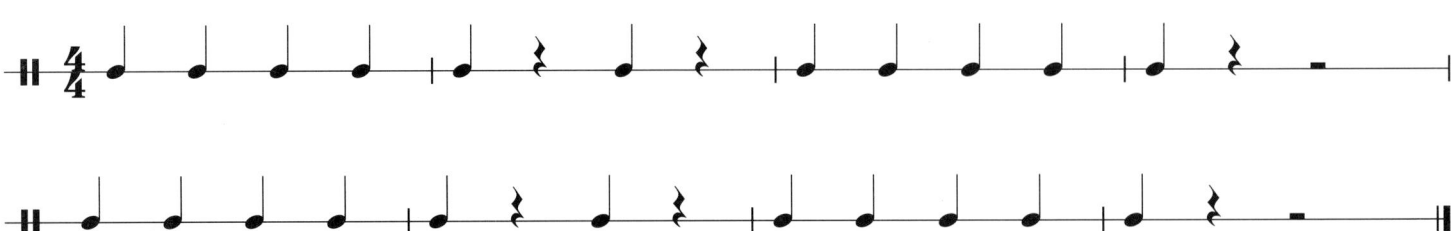

goals:

1. 루디먼트 2: 싱글 패러디들

루디먼트 2: 싱글 패러디들 (Single Paradiddle)

'패러 (Para)'는 한 손에 한 스트로크씩 번갈아 하는 것을 말합니다.
'디들 (diddle)'은 한 손으로 스트로크를 연달아 두 번 하는 것을 말합니다.

그래서 싱글 패러디들의 *스티킹 패턴은 **R L R R** 또는 **L R L L** 가 됩니다.

Tip

속도가 붙으면 '디들' 음들은 스틱의 반동으로 자연스럽게 연주할 수 있게 됩니다.
'디들'의 두 음은 같은 크기로 연주하세요.

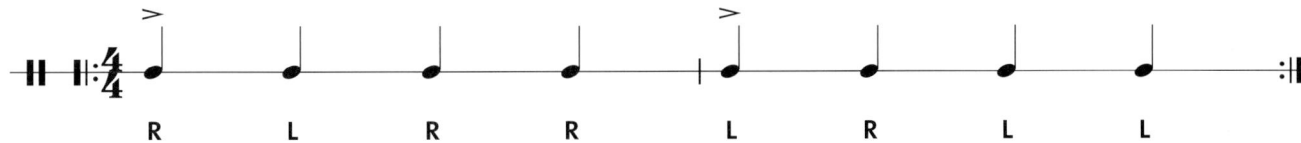

8분음표와 16분음표 싱글 패러디들입니다.

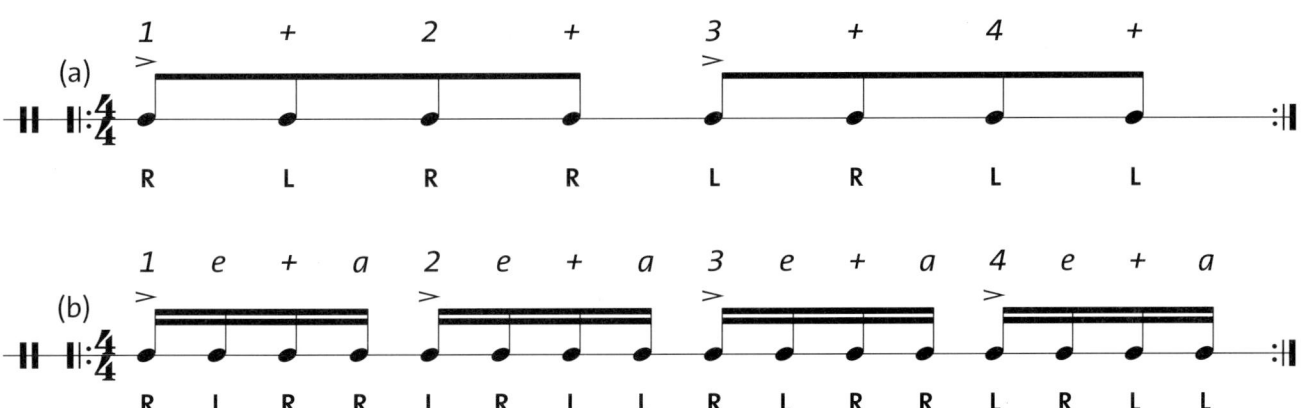

패러디들을 자연스럽게 연주할 수 있게 되면 악센트의 위치를 옮겨서 연주해보세요.

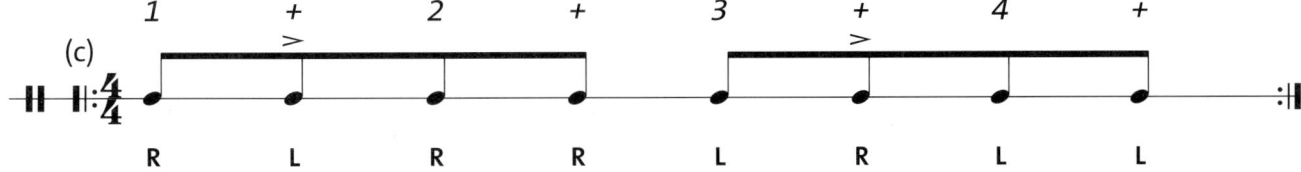

이번에는 패러디들이 시작하는 박의 위치를 옮겨보세요.

스티킹에는 두 가지 방법이 있습니다.
'오른손 리드 (right hand lead)' 스티킹은 리듬 패턴을 항상 오른손으로 시작하는 것입니다.
'얼터네이트 스티킹 (alternate sticking)' 은 한 번은 오른손으로, 그 다음에는 왼손으로 시작하는 것입니다.
두 가지 방법 중 하나를 선택해 사용하세요.

* 스티킹 (sticking): 스틱을 사용하는 방법

Lesson 2

초견 연습

(a)

$1 + 2 + 3 + 4 +$ $1 + 2 + 3 + 4 +$ $1 + 2 + 3 + 4 +$ $1 + 2 + 3 + 4 +$

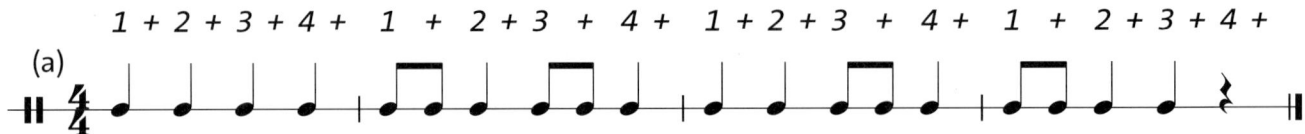

(b)

$1 + 2 + 3 + 4 +$ $1 + 2 + 3 + 4 +$ $1 + 2 + 3 + 4 +$ $1 + 2 + 3 + 4 +$

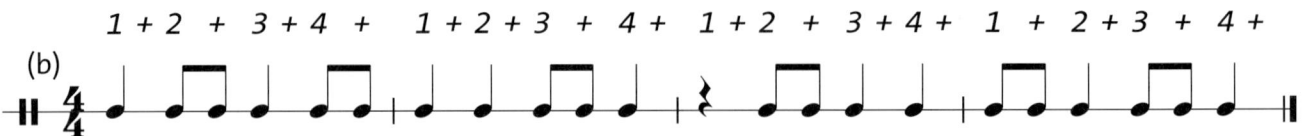

(c)

$1 + 2 + 3 +$ $1 + 2 + 3 +$ $1 + 2 + 3 +$ $1 + 2 + 3 +$ $1 + 2 + 3 +$ $1 + 2 + 3 +$

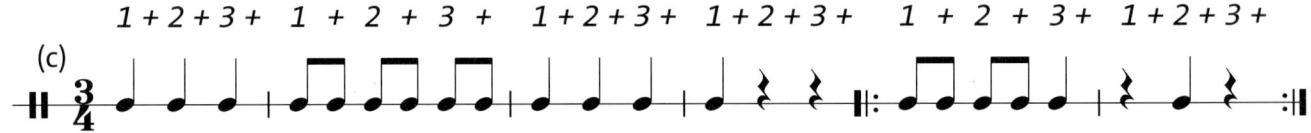

(d)

$1 + 2 +$ $1 + 2 +$ $1 + 2 +$ $1 + 2 +$ $1 + 2 +$ $1 + 2 +$

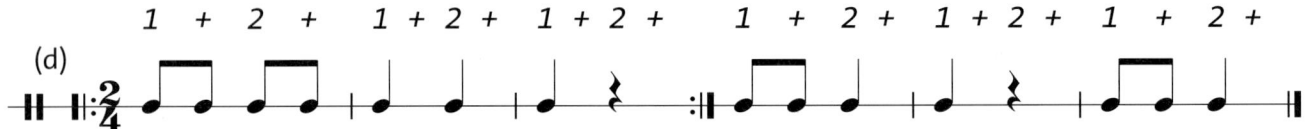

(e)

$1 + 2 + 3 + 4 +$ $1 + 2 + 3 + 4 +$ $1 + 2 + 3 + 4 +$ $1 + 2 + 3 + 4 +$

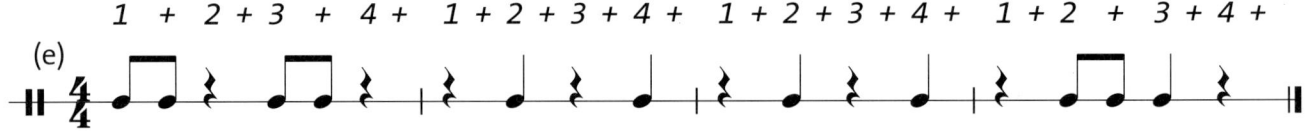

(f)

$1 + 2 + 3 + 4 +$ $1 + 2 + 3 + 4 +$ $1 + 2 + 3 + 4 +$ $1 + 2 + 3 + 4 +$

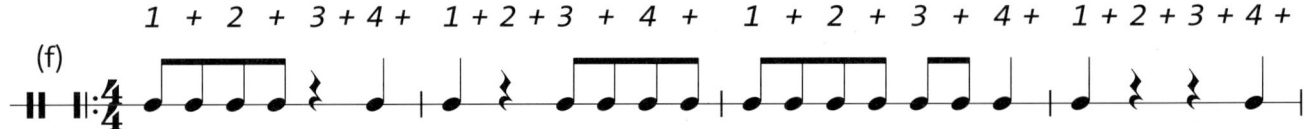

$1 + 2 + 3 + 4 +$ $1 + 2 + 3 + 4 +$ $1 + 2 + 3 + 4 +$ $1 + 2 + 3 + 4 +$

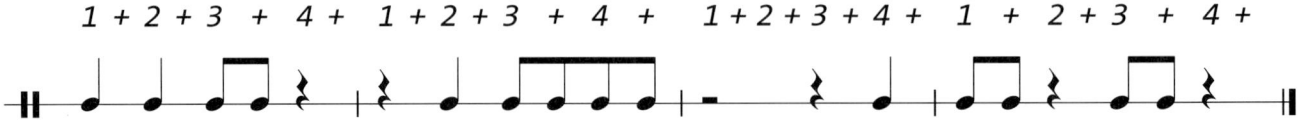

듀엣

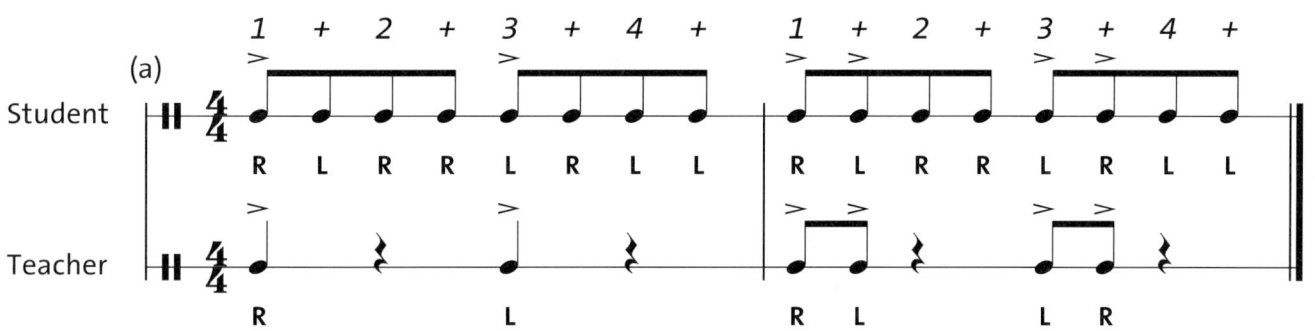

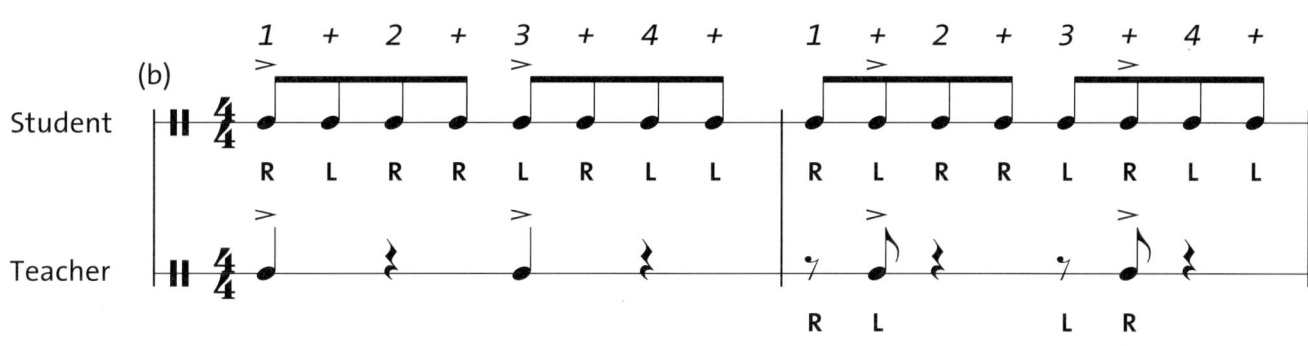

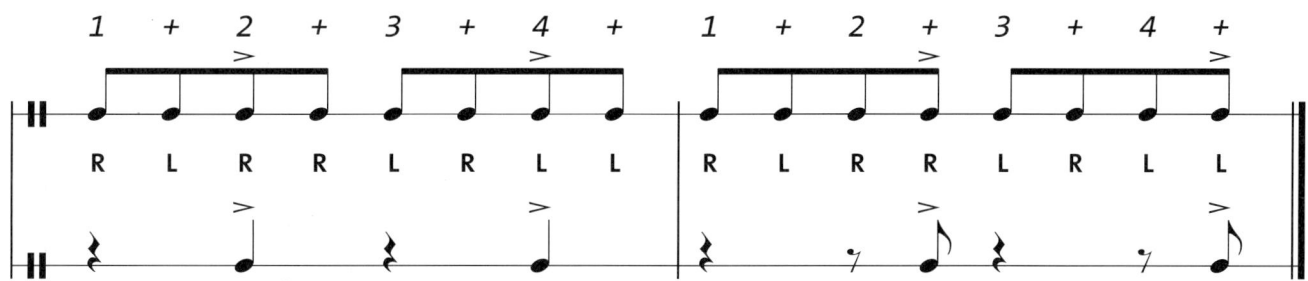

레슨 2를 위한 연주곡

Twinkle Twinkle, Little Star (작은 별)

외국 민요

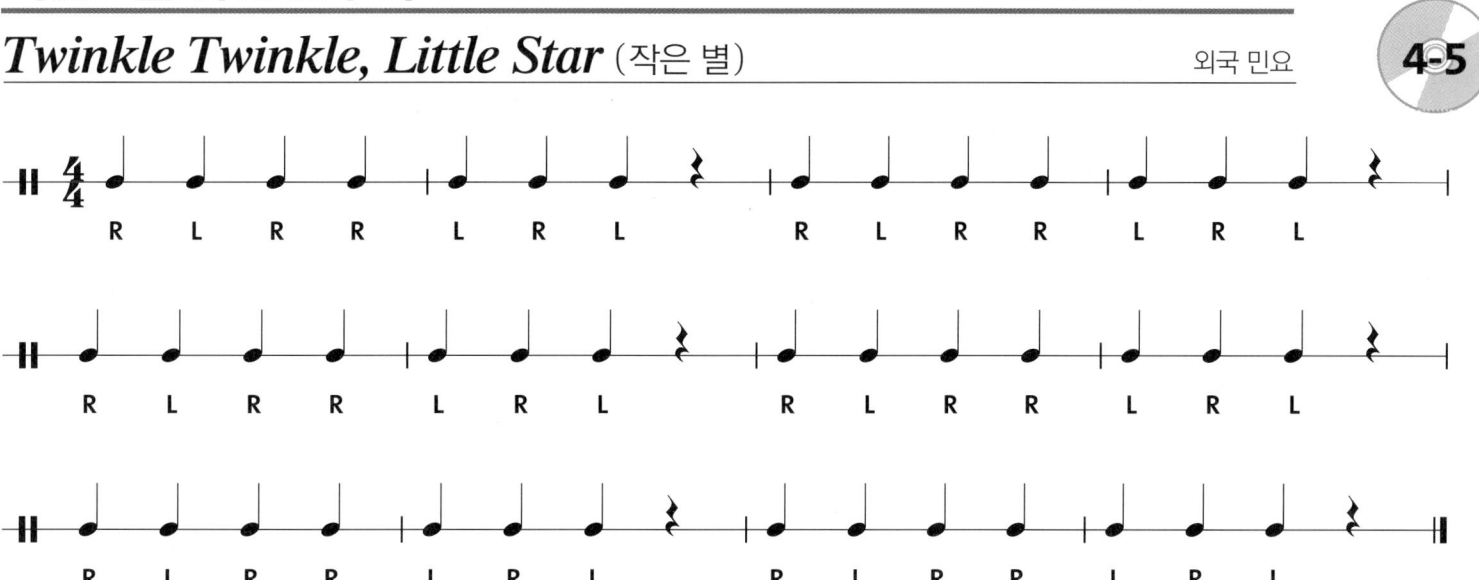

1. 루디먼트 3: 더블 패러디들
2. 루디먼트 4: 플램

3. 꾸밈음
4. 루디먼트 5: 싱글 플램 패러디들

루디먼트 3: 더블 패러디들 (Double Paradiddle)

더블 패러디들은 '패러 – 패러 – 디들 (para – para – diddle)'이라고 생각하세요.

더블 패러디들은 $\frac{3}{4}$박자나 $\frac{6}{8}$박자로 연습하면 쉽습니다.

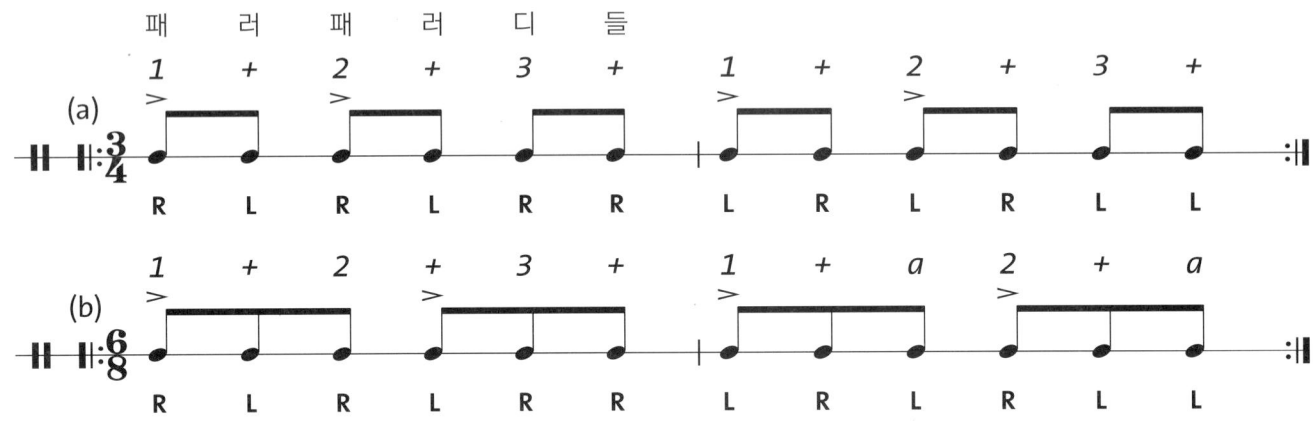

Tip

루디먼트 4: 플램 (Flam)

꾸밈음은 음을 장식해주는 역할을 하는 작은 기호입니다. 악보에서 사선이 그어진 작은 8분음표가 꾸밈음입니다. 최대한 짧게 연주하세요.

플램은 꾸밈음 하나와 악센트 붙은 음 하나가 더해진 것입니다. 꾸밈음은 다음 음과 최대한 가까이 붙여 연주하여 주음을 더 두껍게 만들어주는 역할을 합니다.

꾸밈음을 연주할 때 드럼 헤드와 스틱의 거리는 5cm 정도가 적당하고, 악센트가 붙는 음은 드럼 헤드와 20~25cm 정도 거리에서 연주하는 것이 적당합니다.

오른손 리드와 왼손 리드 모두 연습해보세요. 플램처럼 들리는지, 모든 소리가 고르게 나는지 잘 들으면서 천천히 연습하세요.

루디먼트 5: 싱글 플램 패러디들 (Single Flam Paradiddle)

플램과 패러디들을 합하면 플램 패러디들이 됩니다.

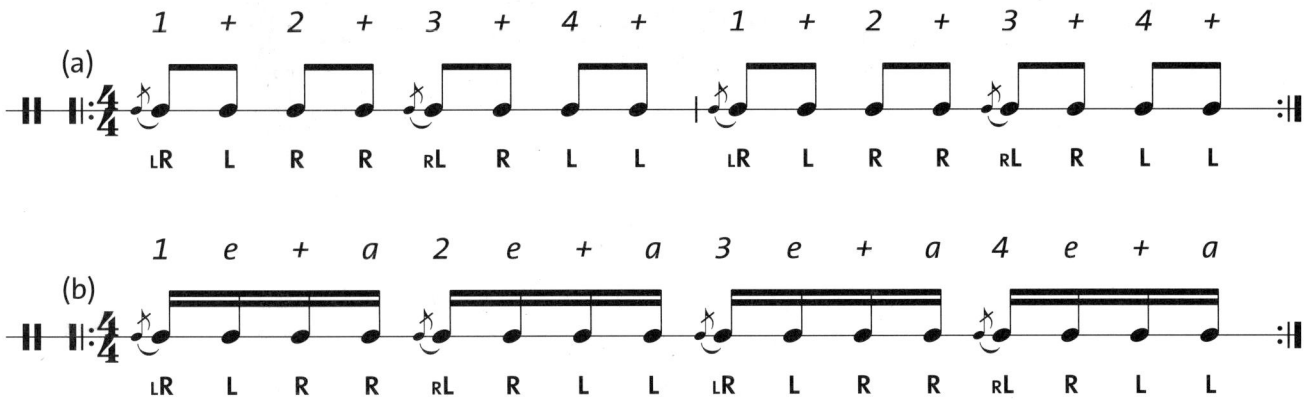

처음에는 천천히 연습하고, 서서히 속도를 올려보세요.

아래 악보를 연주해보세요. 플램은 깔끔하고 정확해야합니다.
자신감이 생기면 파트를 바꿔 플램 패러디들을 연주해보세요.

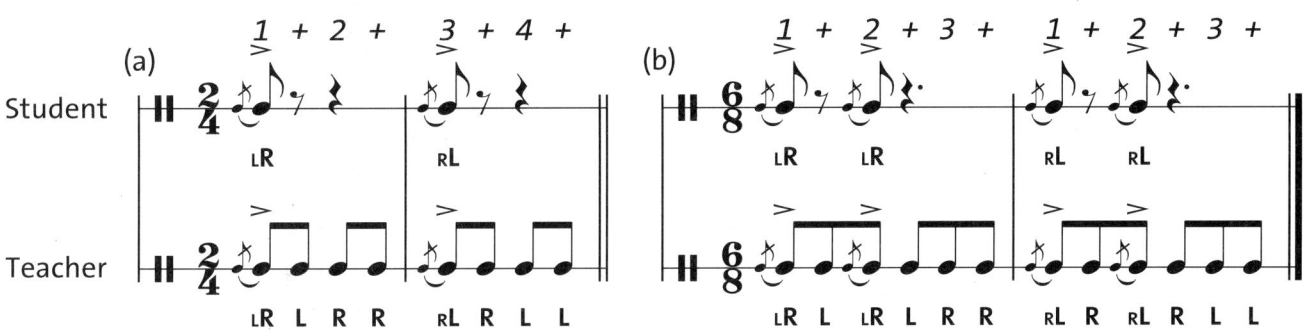

초견 연습

Lesson 3

연습은 이렇게!

메트로놈을 이용해 다양한 템포로 루디먼트와 초견을 연습하세요.
연습 일지를 쓰면 언제, 얼마나 연습했는지 한 눈에 볼 수 있어 도움이 됩니다.

레슨 3을 위한 연주곡

 **6-7**

Anitra's Dance (아니트라의 춤)

Edvard Grieg

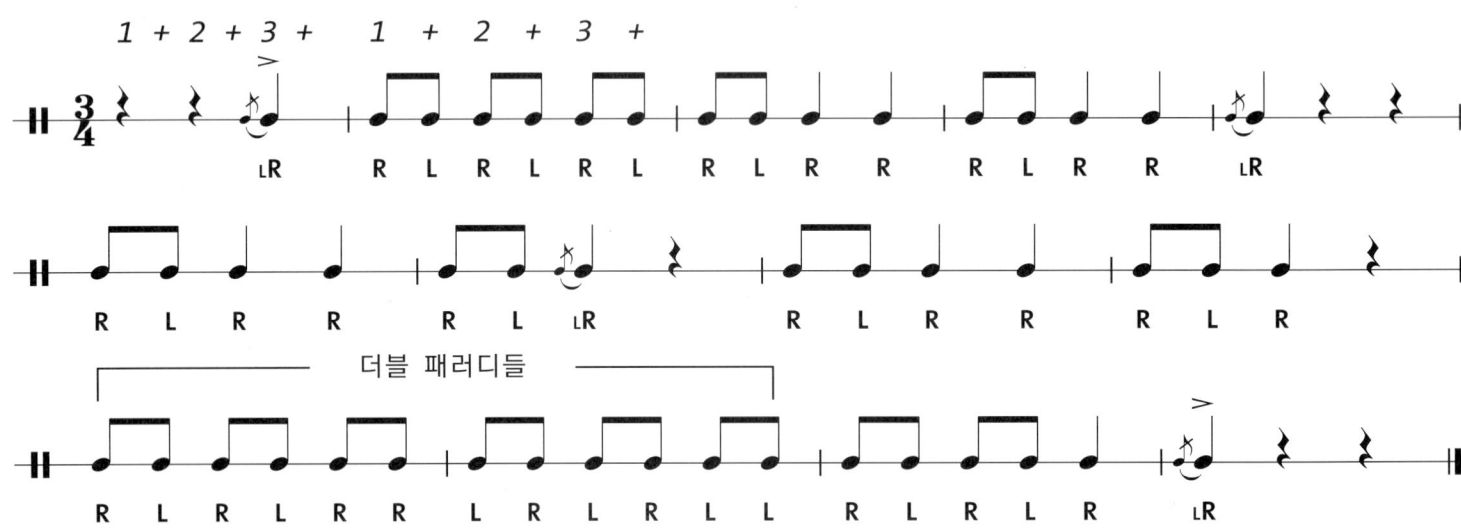

18

goals:

1. 루디먼트 6: 더블 스트로크 롤
2. 템포 변화시키며 연주하기
3. 마디 반복 기호

루디먼트 6: 더블 스트로크 롤 (Double Stroke Roll)

롱 롤(long roll)이라고도 하는 더블 스트로크 롤은 각 손으로 두 번씩 스트로크를 한 뒤에 그것을 반복하는 것입니다.
스트로크는 항상 고르게 소리나야 합니다.

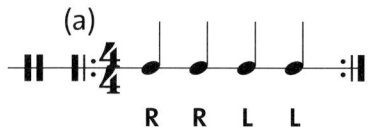  

연습 1. 파트 연습

큰 소리로 박을 세며 연주해보세요. 그런 다음에는 손을 바꿔서 연주해보세요.
마지막으로 두 파트를 합해 더블 스트로크 롤을 연주해보세요.
천천히 시작했다가 점점 빨라진 후 다시 원래 속도로 돌아오는 연습을 해보세요.
빠르게 연주할 때에도 스트로크를 컨트롤 할 수 있었나요?

컨트롤 테크닉

아주 천천히 연주할 때는 팔꿈치로 스트로크를 컨트롤하지만, 속도가 빨라지면 팔목으로, 더 빨라지면 손가락의
움직임만으로도 연주할 수 있게 됩니다.

마디 반복 기호

✗ 기호는 바로 앞마디와 똑같이 연주하라는 의미입니다.
이 기호는 악보의 공간도 절약해주고 읽기도 쉽기 때문에 사용합니다.

두 마디를 반복할 때는 이런 기호를 사용합니다. ✗

Lesson 4

초견 연습

(a)

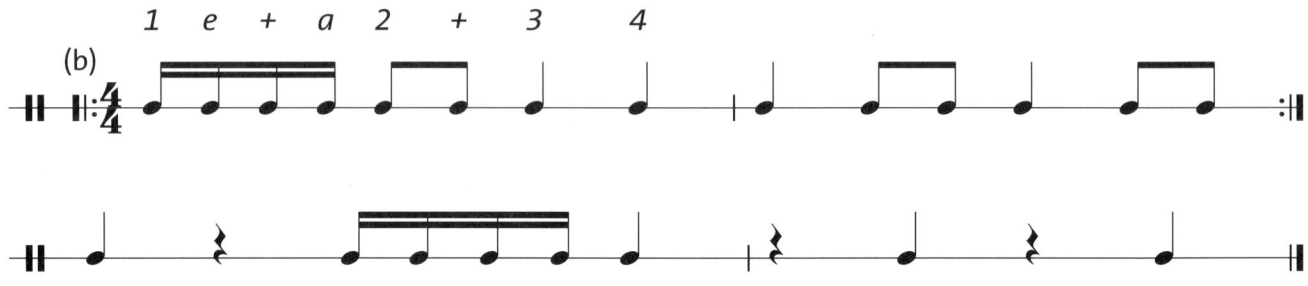

(b)

(c)

(d)
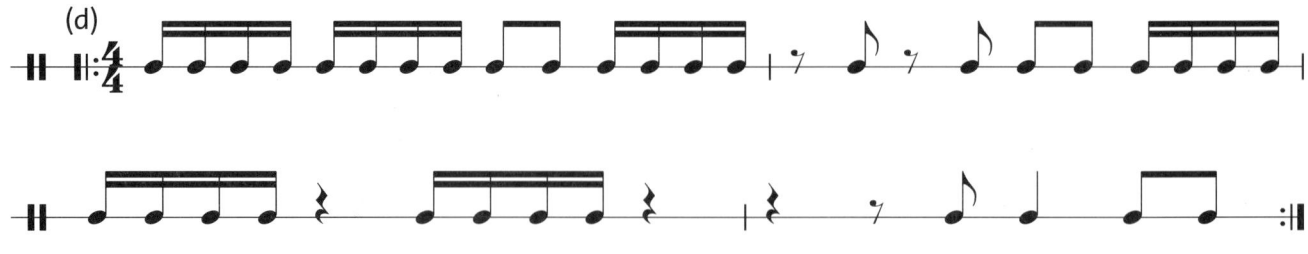

(e)
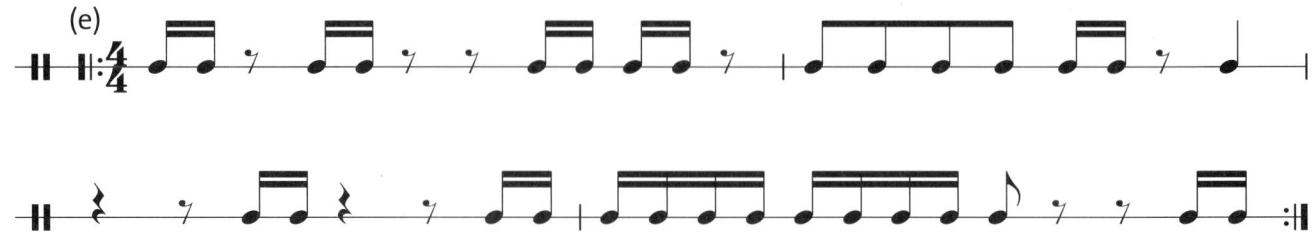

레슨 4를 위한 연주곡

Early One Morning (이른 아침에)

영국 민요

8-9

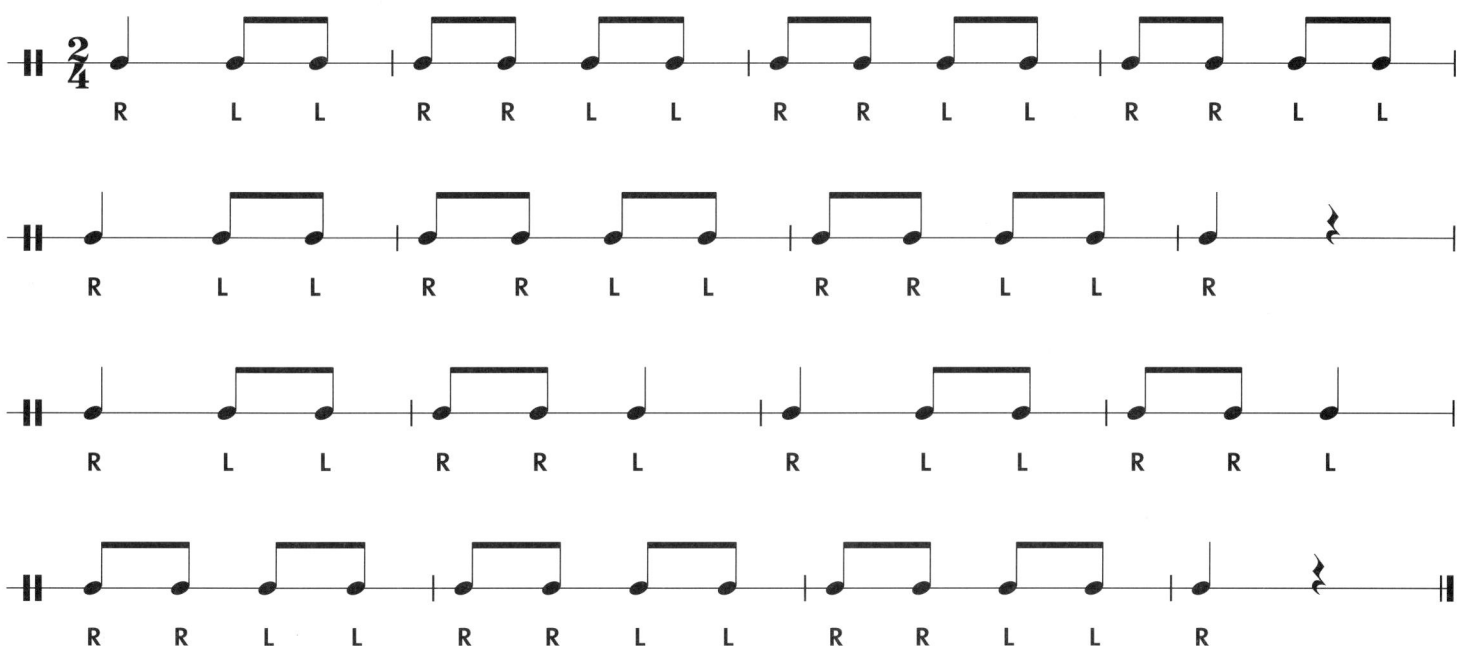

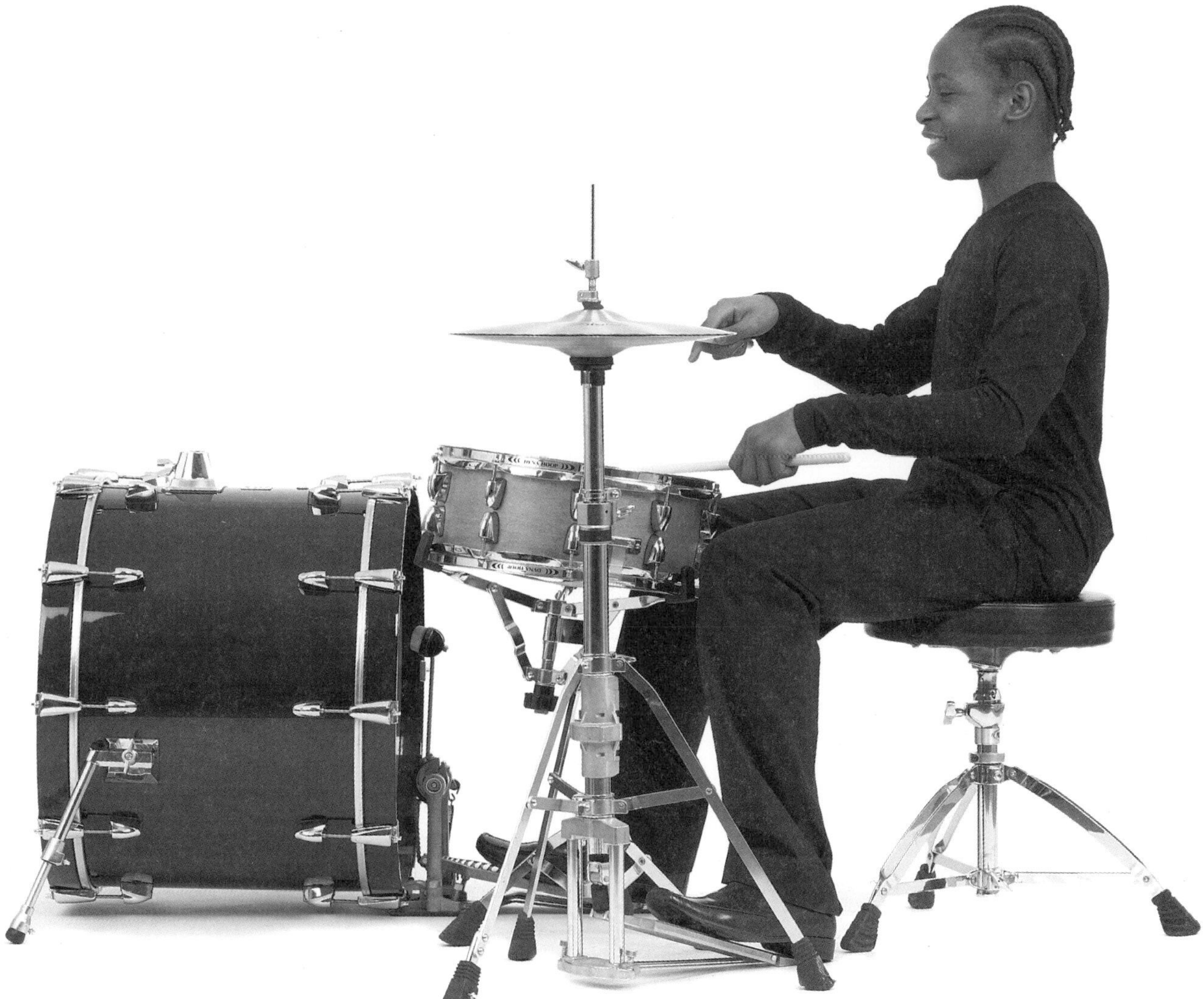

goals:

1. 루디먼트 7: 플램 탭
2. 루디먼트 8: 플램 악센트
3. 셈여림표

루디먼트 7: 플램 탭 (Flam Tap)

플램 탭은 플램 다음에 강세가 없는 음이 하나 오는 것입니다.

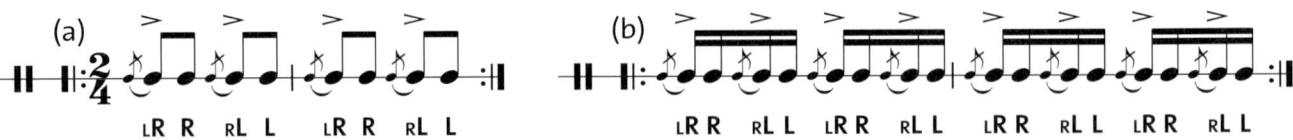

루디먼트 8: 플램 악센트 (Flam Accent)

플램 악센트는 플램 뒤에 악센트 없는 음이 두 개 오는 것입니다. 악보의 다양한 플램 악센트를 연습하면 양손을 조화롭게 사용하는 데 큰 도움이 될 것입니다.

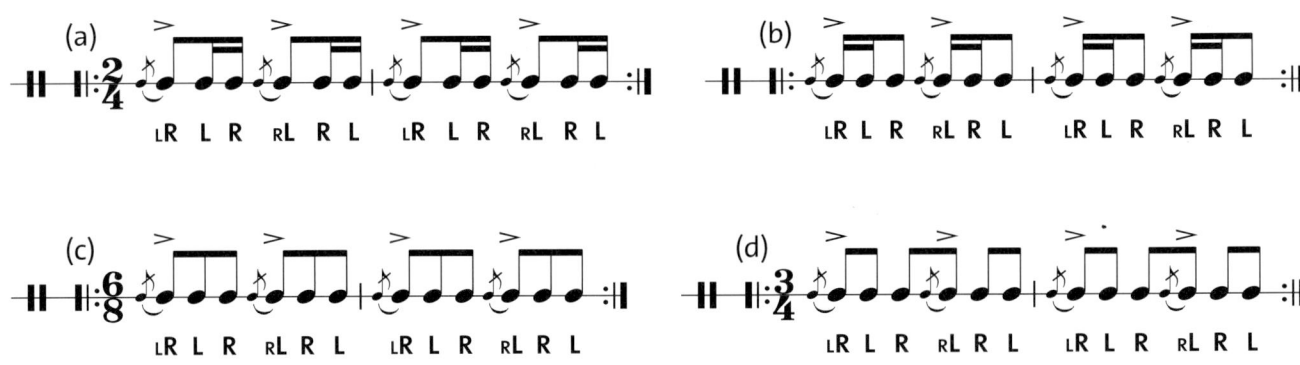

셈여림표

악보에서 얼마나 세게 또는 여리게 연주할지는 이탈리아어로 표기합니다.
이러한 단어 또는 기호를 '셈여림표' 라고 합니다.

$\boldsymbol{f}$ = 포르테 (Forte), 세게 $\boldsymbol{p}$ = 피아노 (Piano), 여리게

아래 기호는 점점 세게 또는 점점 여리게 연주하라는 의미입니다.

Crescendo (crecs.) – 크레센도, 점점 세게
Diminuendo (dim.) – 디미누엔도, 점점 여리게

드럼에 자주 사용되는 스포르찬도는 갑작스런 강한 악센트를 의미합니다.
$\boldsymbol{sf}$ 또는 $\boldsymbol{sfz}$ = 스포르찬도 (sforzando)

초견 연습

(a)

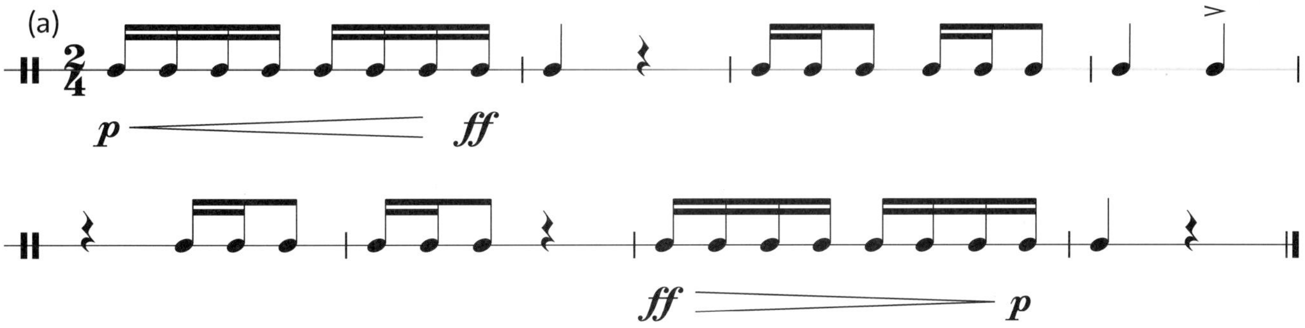

(b)

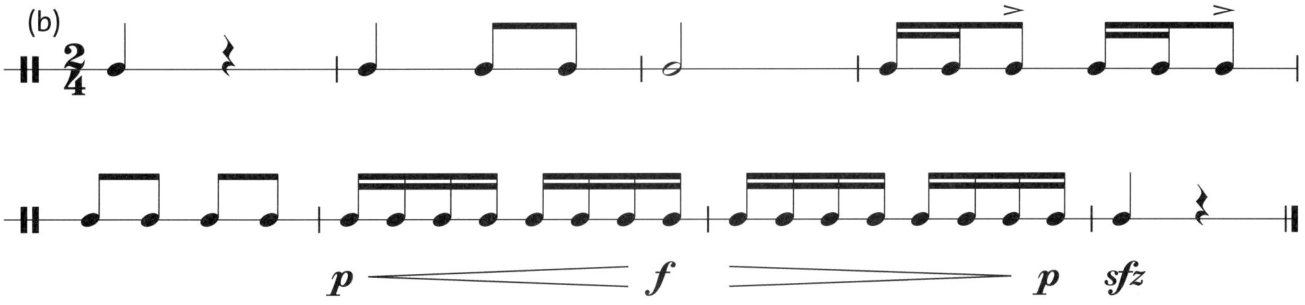

(c)

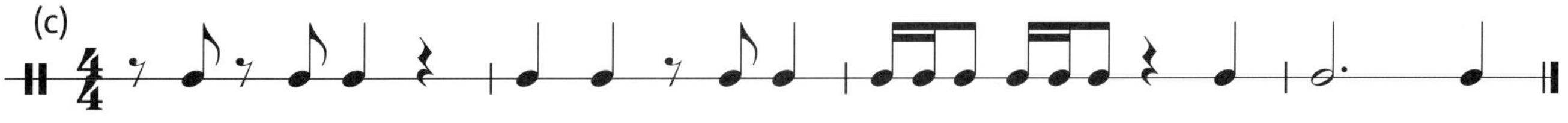

(d)

(e)

23

연습 1. 플램 연습곡

레슨 5를 위한 연주곡

10-11 *The First Noël* (저 들 밖에 한밤중에)   크리스마스 캐롤

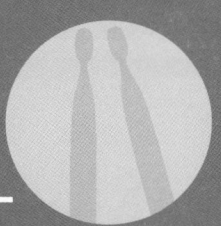

1. 드럼 세트의 구성

드럼 세트 각 부분의 이름을 말해보세요.

(10)

2. 기호

알맞은 기호를 그려보세요.

• 도돌이표 _____   • 악센트 _____   • 4분쉼표 _____

• 크레센도 _____   • 쌍으로 연결된 2개의 8분음표 _____

(10)

3. 기보법

패러디들을 악보에 그리고 연주해보세요.

(10)

4. 세로줄

4/4 박자가 되도록 세로줄을 그려보세요.

(10)

5. 루디먼트

다음을 연주해보세요.

• 더블 스트로크 롤   • 플램   • 플램 탭

• 싱글 플램 패러디들   • 더블 패러디들

(10)

Total (50)

Lesson 6

goals:

1. 템포
2. 루디먼트 9: 드랙
3. 루디먼트 10: 파이브 스트로크 롤

템포 (Tempo)

템포는 곡의 빠르기를 의미합니다.
템포는 1분에 몇 박이 들어가는지로 표시하며, 악보 시작이나 빠르기가 바뀌는 부분에 나옵니다.

♩ = 120은 4분음표 하나가 1박이고 1분에 120박, 즉 1분에 120개의 4분음표를 연주한다는 뜻입니다.

4분음표로 표시하기에 템포가 너무 빠르면 2분음표로 표시하기도 합니다. ♩ = 100
또는 bpm 기호로도 표시할 수 있습니다. 예를 들어 100bpm은 1분에 박을 100번 치는 속도라는 뜻입니다.

템포는 이탈리아어로 표시합니다. 다음은 일반적으로 사용되는 빠르기말입니다.

Presto (프레스토) = 매우 빠르게   Andante (안단테) = 걷는 속도로

Allegro (알레그로) = 빠르게   Adagio (아다지오) = 느리게

Moderato (모데라토) = 보통빠르기로   Lento (렌토) = 매우 느리게

앙상블을 할 때 드럼 주자는 정확한 템포를 유지하는 역할을 합니다.
다양한 템포에서 일정한 박을 유지하는 연습을 하세요.

루디먼트 9: 드랙 (Drag)

Tip

연주 방법은 플램과 같습니다. 꾸밈음은 드럼 헤드와 5cm 정도 거리에서, 악센트가 있는 음은 20~25cm 정도 거리에서 연주하세요.

드랙은 플램과 비슷하지만, 꾸밈음이 두 개 있습니다.

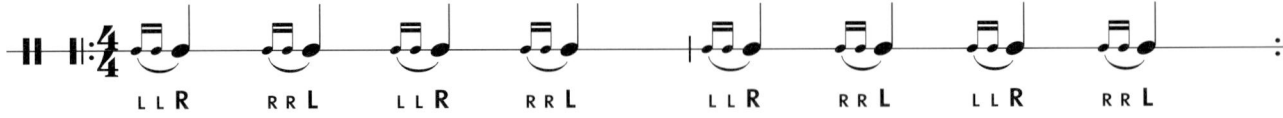

아래와 같이 8분음표에 사선을 그어 두 꾸밈음을 축약하여 기보할 수도 있습니다.

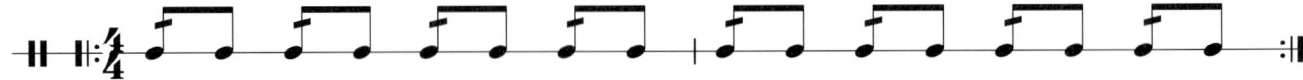

8분음표, 16분음표 묶음은 아래와 같이 줄일 수 있습니다.

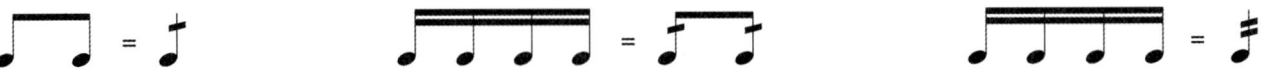

레슨 7에서 악보를 축약하는 방법에 대해 더 배우게 될 것입니다.

루디먼트 10: 파이브 스트로크 롤 (Five-Stroke Roll)

파이브 스트로크 롤에 들어가기 전에 먼저 준비연습을 하세요.

R L R   L R L   R L R   L R L

Tip

오른손 리드와 왼손 리드
모두 연습하세요.

파이브 스트로크 롤은 더블 스트로크 두 개와 싱글 스트로크 하나를 더한 것입니다.

R R L L R   L L R R L   R R L L R   L L R R L

축약해서 다음과 같이 기보할 수 있습니다.

콜 앤 리스폰스 (Call and Response)

12

콜 앤 리스폰스는 두 명이 서로 주고 받으며 연주하는 것입니다. 첫 번째 연주자가 연주를 하면, 두 번째 연주자는 그것에 대한
응답을 합니다.

아래 악보 마디 8에서 괄호 안의 음표는 두 스틱을 공중에서 마주쳐 연주합니다.
파트를 바꾸고 다양한 템포로 연습해보세요. 마디 7에서 빨라지지 않도록 주의하세요.

Part 1

Part 2

초견 연습

(a)

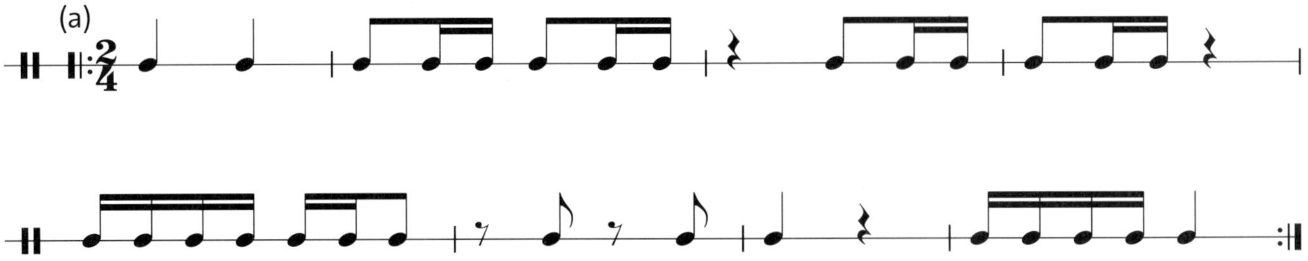

(b)

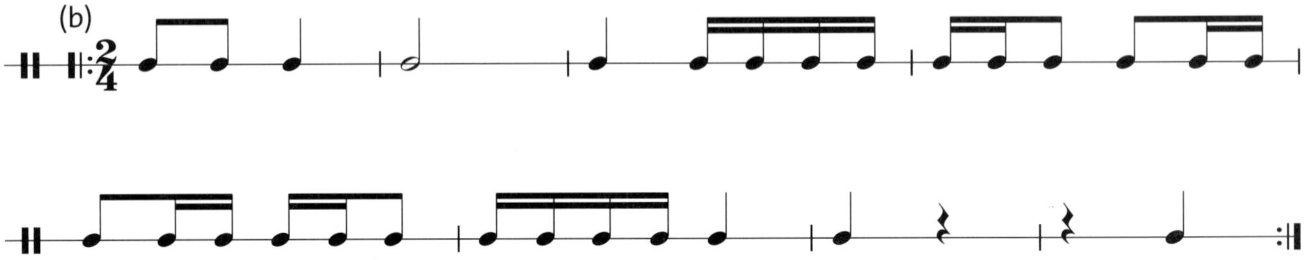

(c)

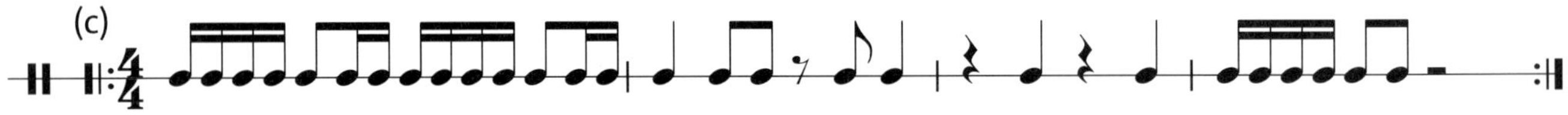

(d)

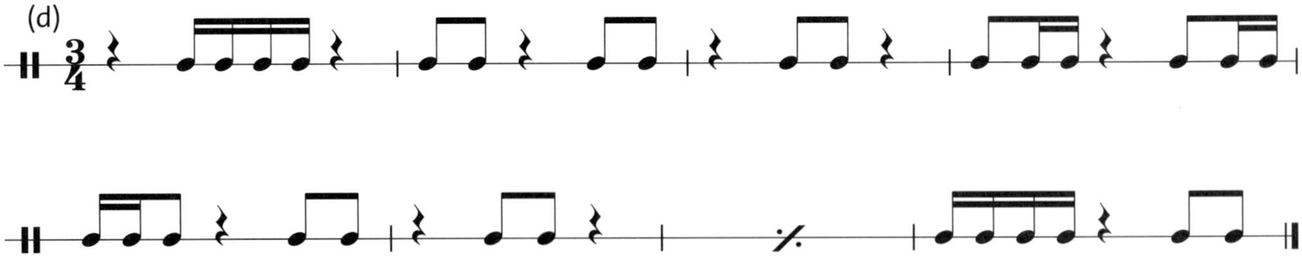

레슨 6을 위한 연주곡

Frère Jacques (안녕)

프랑스 민요

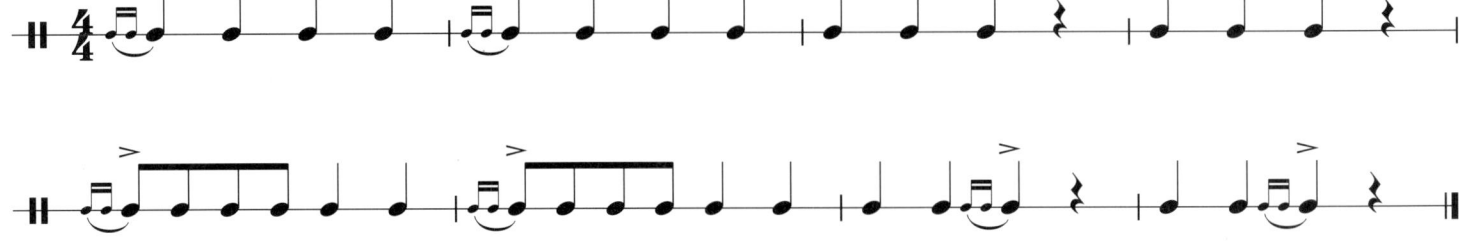

goals:

1. 축약 기보법
2. 루디먼트 11: 버즈 롤

3. 셈여림표
4. 점음표

축약 기보법

드럼 악보에는 똑같은 음표나 기호가 연달아 나오는 경우가 많기 때문에 반복되는 음표나 기호는 축약해서 단순하게 기보합니다.

예를 들어 4개의 16분음표는 두 개의 사선이 그어진 4분음표로 그립니다 (레슨 6 참고).

(기 보)   (연 주)

롤은 보통 이렇게 기보합니다.

온음표 위에 4개의 사선이 있는 것은 원래 온음표를 64개로 나누어 연주하라는 뜻입니다.
하지만 실제로 연주할 때는 아주 빠른 롤을 연주하면 됩니다.

루디먼트 11: 버즈 롤 (The Buzz Roll)

버즈 롤은 스틱이 드럼 헤드에서 튕겨 올라오지 못하도록 하는 주법입니다.

스틱을 드럼 헤드에 치면 스틱이 튕겨 올라옵니다. 스틱이 자연스럽게 튕기도록 해보세요. 힘을 풀고 스틱이 저절로 멈출 때까지 둡니다. 이번에는 그립을 살짝 조여 잡고 스틱이 위로 튕겨 올라가는 거리를 서서히 줄이며 롤의 속도를 높여보세요.

마치 벌레(buzz)소리 처럼 빠르게 연주할 수 있을 때까지 연습해보세요. 양손으로 번갈아 버즈 롤을 연주하면 부드럽게 연결되는 소리를 낼 수 있습니다. 버즈 롤은 스틱의 반동을 누르며 연주한다고 해서 프레스 롤(press roll)이라고도 합니다.

버즈 롤은 이렇게 그립니다.

스틱 버즈 (Stick Buzz)

버즈 롤의 길이는 아래 요인들에 따라 달라집니다.

• 스틱의 속도 (드럼 헤드를 치는 힘에 따라 달라집니다.)
• 스틱의 반동을 누르는 힘 (스틱을 컨트롤 할 수 있어야 합니다.)
• 드럼 헤드의 장력 (스틱의 반동에 영향을 줍니다.)

Lesson 7

스틱을 컨트롤하는 연습을 해보세요.

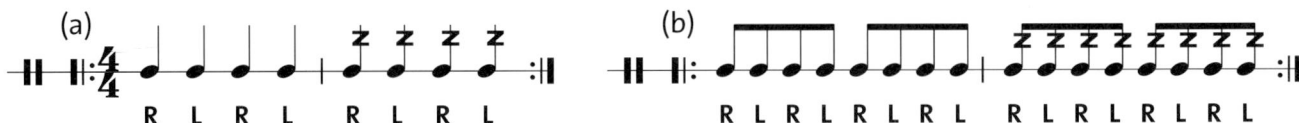

이번에는 여리게 시작해서 점점 세게, 다시 점점 여리게 연주하세요.

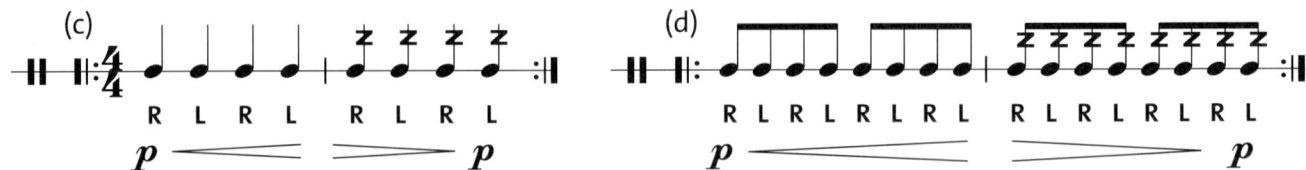

마지막으로 16분음표로 연주해보세요. 이 연습을 잘 해내면 버즈 롤을 잘 연주할 수 있게 될 것입니다.

셈여림표

mp = 메조 피아노 (mezzo piano), 조금 여리게 (mezzo는 '절반'이라는 뜻입니다.)

mf = 메조 포르테 (mezzo forte), 조금 세게

pp = 피아니시모 (pianissimo), 매우 여리게

ff = 포르티시모 (fortissimo), 매우 세게

듀엣: 롤링, 롤링, 롤링 (Rollin', Rollin', Rollin')

버즈 롤과 플램을 연습할 수 있는 듀엣 곡입니다. 일정한 박으로 최대한 고르게 버즈 롤을 연주해보세요.
버즈 롤과 싱글 스트로크를 연주할 때 스틱의 컨트롤이 중요하다는 것을 느낄 수 있을 것입니다.

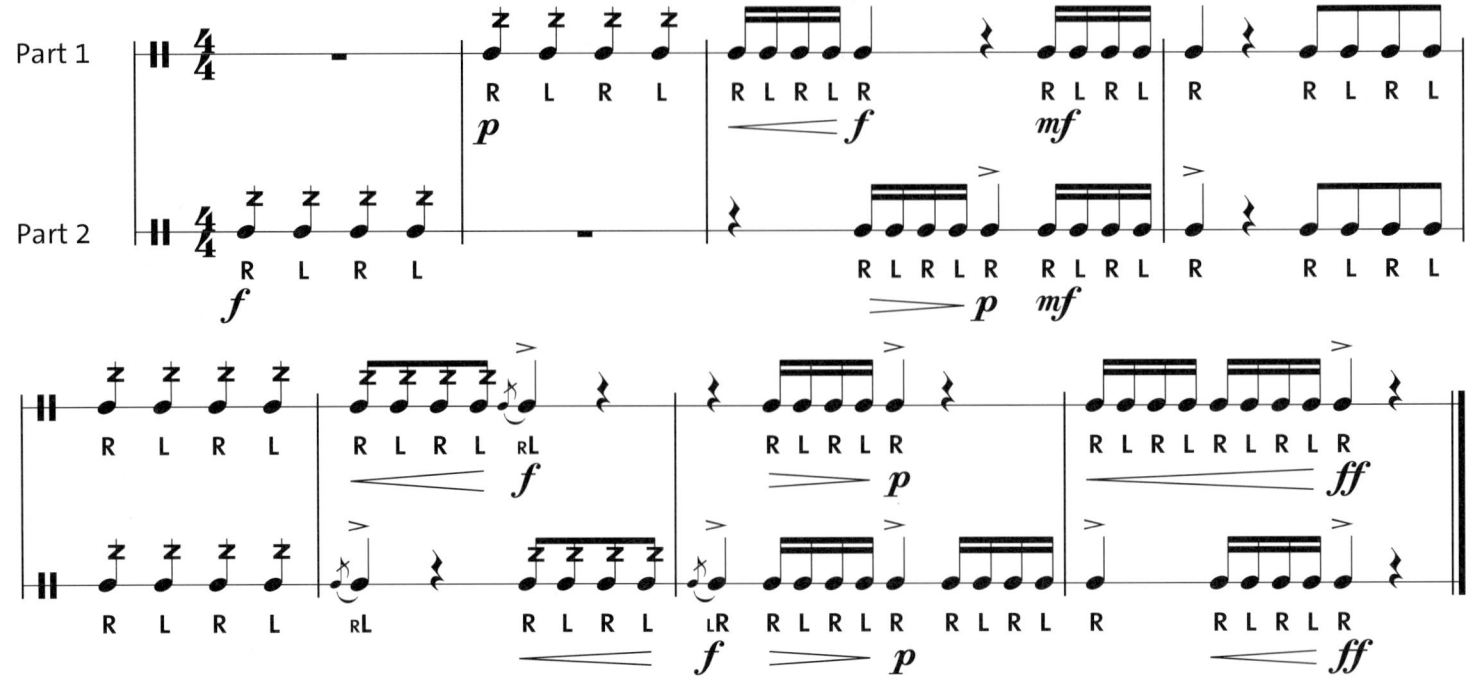

점음표

음표 오른쪽에 점을 찍으면 원래 길이의 절반만큼 음표의 길이가 길어집니다.

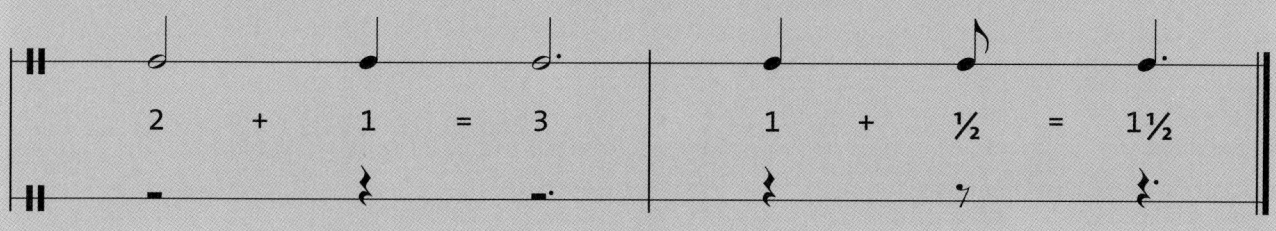

초견 연습

(a)

(b)

레슨 7을 위한 연주곡

The Drunken Sailor (술 취한 선원)

영국 전통 뱃노래

15-16

파이브 스트로크 롤과 플램이 나오는 곡입니다. 깔끔하게 연주해보세요!

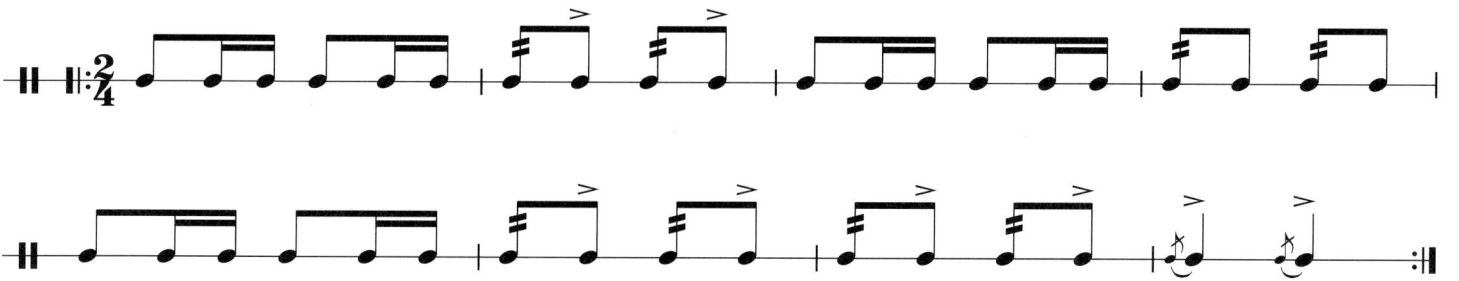

Lesson 8 goals:

1. 페달 테크닉
2. 페달 기보법

3. 셋잇단음표
4. 붙임줄

페달 밟는 법

하이햇과 베이스 드럼은 페달을 사용해 연주합니다. 다양한 방법으로 연주할 수 있지만 아래의 테크닉들이 가장 많이 사용됩니다.

1. *힐 다운 (Heel down / Flat-footed)

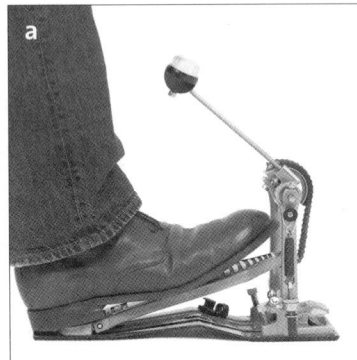

a. 페달에 발 전체를 댑니다

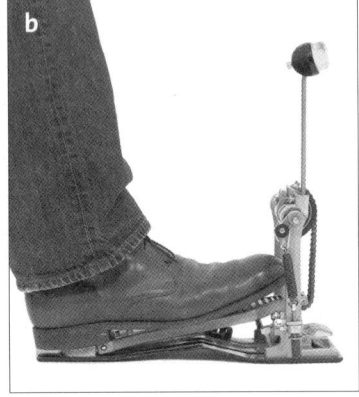

b. 뒤꿈치를 떼지 않은 상태로 페달을 누릅니다. 페달을 누르지 않을 때에도 페달의 발판에 발을 대고 있어야 합니다.

2. 힐 업 (Heel up / Toe technique)

a. 발뒤꿈치는 들고 발의 앞부분으로 페달을 밟습니다.

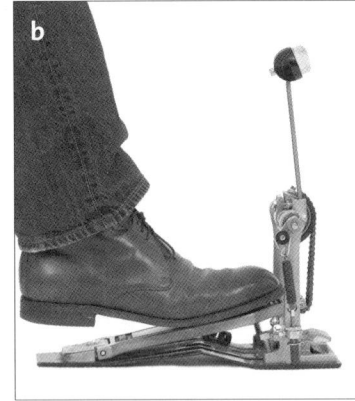

b. 허벅지를 들어 페달을 눌러보세요. 반동을 사용하세요. 힐 업은 빠르고 크게 연주해야 하는 드러머들이 주로 사용하는 테크닉입니다.

3. 힐 앤 토 (Heel & toe / Rocking motion)

이 테크닉은 하이햇 페달을 밟을 때 다른 테크닉과 함께 사용되는 경우가 많습니다.
음악에 맞춰 발을 앞뒤로 흔들며 페달을 밟습니다.

a. 발꿈치를 들어 발의 앞부분으로 페달을 눌러 심벌을 칩니다.

b. 심벌이나 베이스 드럼을 치고 나면 페달에 힘을 풀며 다시 발뒤꿈치를 바닥에 댑니다.

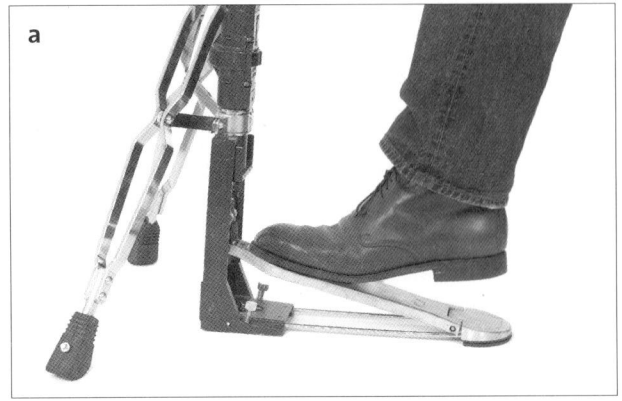

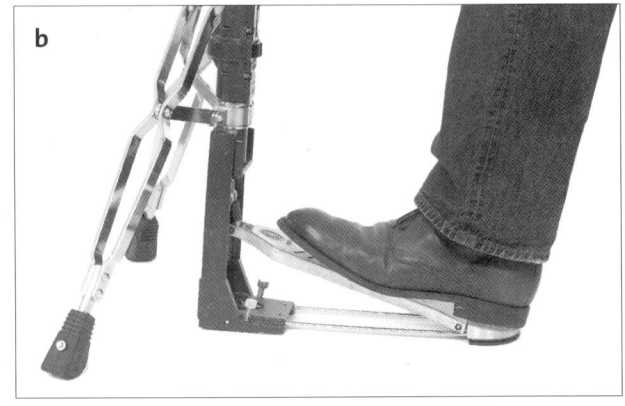

*힐 (heel)은 발뒤꿈치입니다. 토 (toe)는 발끝입니다.

goals:

1. 록 드러밍
2. 코디네이션

3. 필 인
4. 첫 번째 마침과 두 번째 마침

록 드러밍

1930년대와 1940년대 리듬 앤 블루스의 영향으로 1950년대에 로큰롤이 탄생했고, 로큰롤에서 록이 탄생했습니다. 록 음악의 드럼은 무겁고 일정한 그루브 (리듬 패턴)와 *스트레이트 8분음표가 특징입니다.

록 음악에서는 베이스와 스네어 드럼으로 주요 박을 연주합니다. 따라서 베이스와 스네어 드럼이 잘 들리게 연주해야 합니다.
스네어 드럼은 2박과 4박을 연주합니다 (백비트).

드럼을 연주할 때는 양손과 양발의 모든 리듬을 하나의 부드러운 리듬 패턴으로 이어지게 만드는 코디네이션 (coordination, 조화)이 중요합니다.
아래 연습곡은 코디네이션에 도움이 될 것입니다.
연주하는 동안 편안한 자세와 안정적인 그립을 유지하세요.

* 스트레이트 : 스윙하지 않고 악보대로 연주하는 8분음표

Tip

키스 문 (Keith Moon)은 혁신적인 록 드러밍을 선보인 드러머입니다. 키스 문이 '밴드 후 (The Who)'의 멤버로 활동하던 1960년대에는 드럼의 역할이 단순한 백비트 리듬을 연주하는 데 그쳤습니다. 하지만 키스 문은 다양한 롤 테크닉과 장식적인 리듬을 사용하며 음악을 이끄는 독특한 드럼 연주 스타일을 개발했습니다.

연습 1.

하이햇에서 스트레이트 8분음표를 연주하세요 (**a**).
그런 다음 스네어 드럼으로 백비트를 더하세요 (**b**).
마지막으로 1, 3박에 베이스 드럼을 치세요 (**c**).

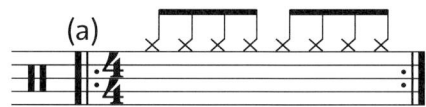
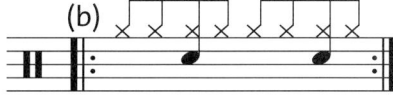
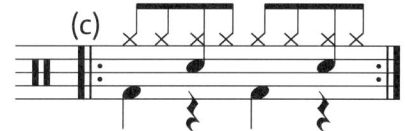

연습 2.

베이스 드럼을 연주하는 박의 위치를 다양하게 변화시켜 보세요.
악보 (**c**)의 마지막 8분음표는 하이햇을 열고 연주한 다음 반복을 위해 다시 닫아야합니다.

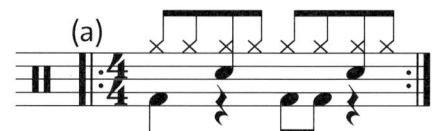
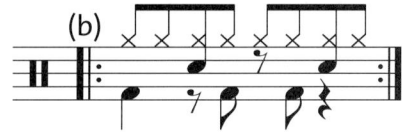

위의 연습곡은 하이햇을 반만 연 상태로 연주할 수도 있습니다. 하이햇을 반만 열고 연주하면 요란하게 부딪히는 소리가 납니다.

하프 오픈 (half-open) 하이햇은 이렇게 표시합니다.

하이햇 하프 오픈

(스틱)

필 인 (Fill in)

필 인은 짧은 리듬 프레이즈를 삽입하는 것을 말합니다. 음악에서 두 부분 사이를 이어줄 때 자주 사용합니다.

필 인은 여러 가지 드럼 루디먼트로 만들 수 있습니다.
아래 악보들은 필 인의 예를 보여줍니다.

2박 필 인

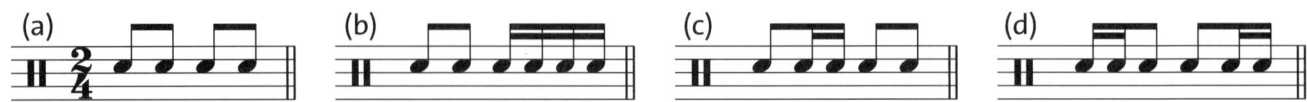

4박 필 인

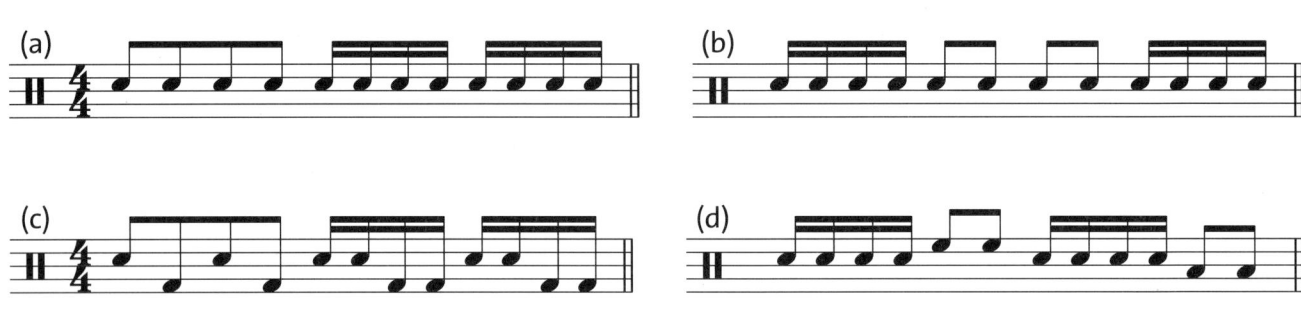

루디먼트를 활용한 2박 필 인

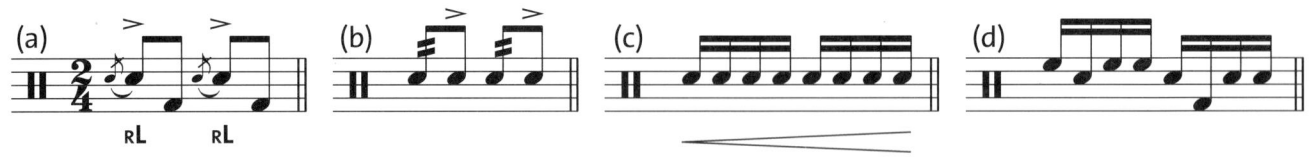

루디먼트를 활용한 4박 필 인

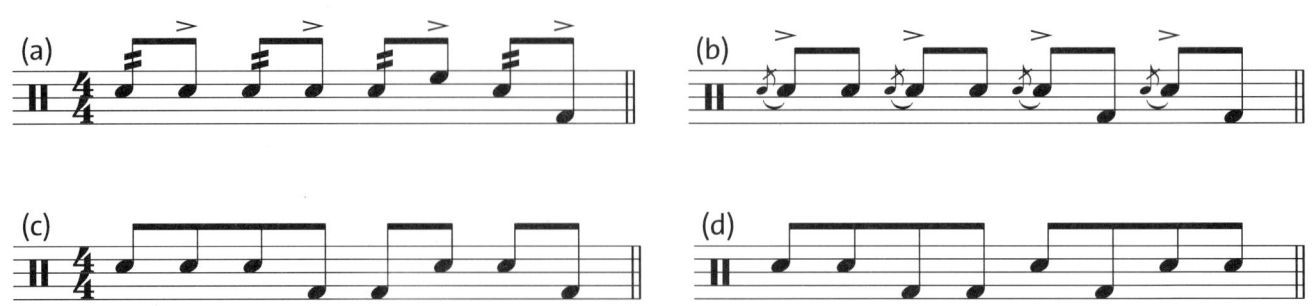

첫 번째 마침과 두 번째 마침

《작별》에는 첫 번째 마침과 두 번째 마침이 사용됩니다.
우선 도돌이표까지 (첫 번째 마침) 연주한 다음 처음으로 돌아가세요.
두 번째 연주할 때는 첫 번째 마침 (1번)은 생략하고 바로 두 번째 마침 (2번)으로 가서 곡을 마칩니다.

도돌이표를 반복할 때 필 인이 조금 달라지니 (마디 8) 잘 보고 연주하세요.
마디 9부터는 하이햇을 반만 열고 연주하세요.
sim.은 simile의 약자로, 앞부분과 똑같이 연주하라는 의미입니다.
이제 드디어 크래쉬 심벌을 칠 수 있습니다!

레슨 9를 위한 연주곡

Auld Lang Syne (작별) 🎸 𝄢

스코틀랜드 민요

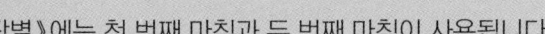

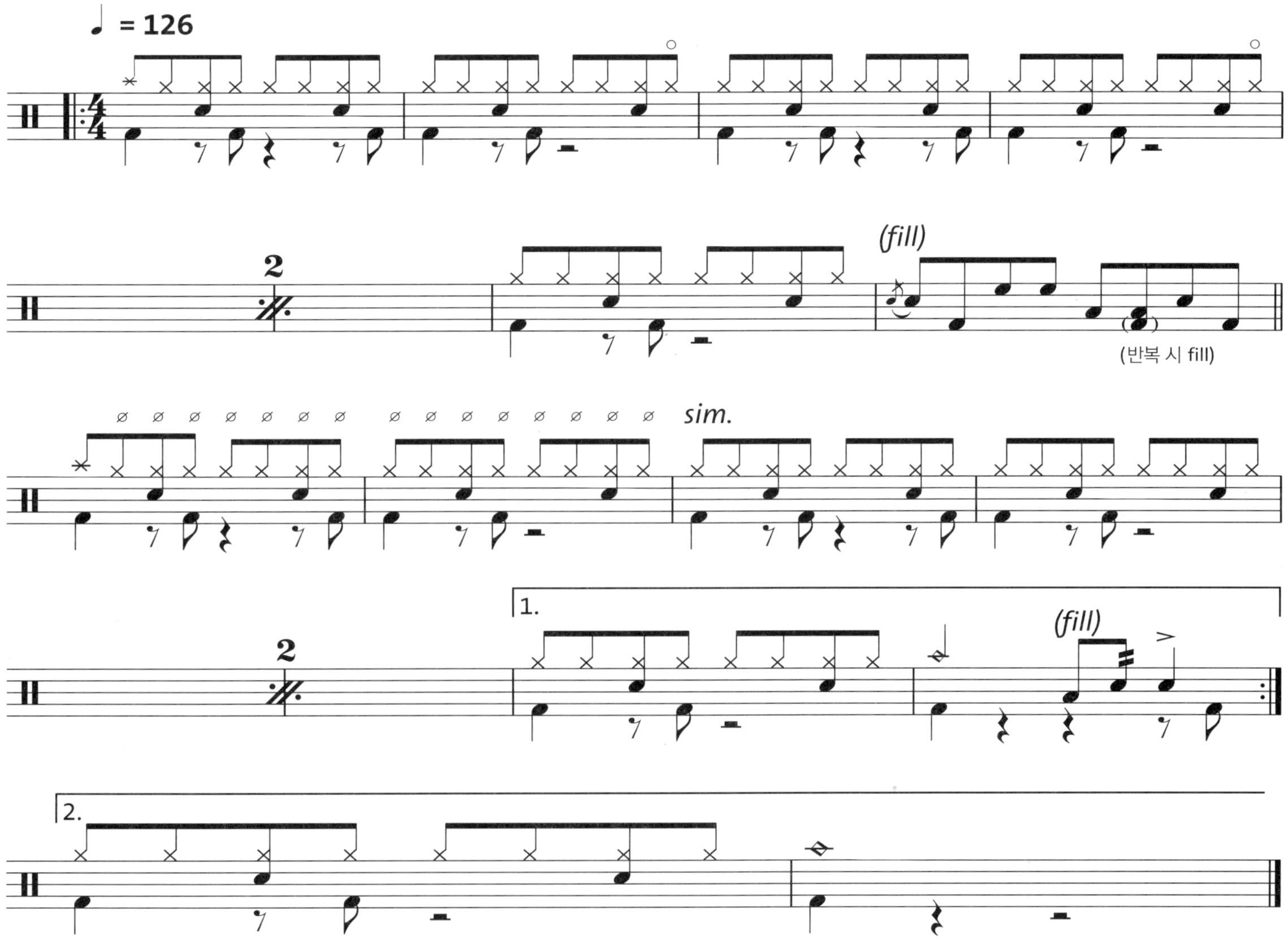

Lesson 10

goals:

1. 블루스 드러밍
2. 스윙
3. 패턴 만들기
4. 하프 타임
5. 픽업

 Tip

미치 미첼(Mitch Mitchell)은 '지미 헨드릭스 익스피리언스 (The Jimi Hendrix Experience)' 의 드러머로 유명합니다. 미첼의 유려한 연주 스타일은 헨드릭스의 긴 즉흥연주를 완벽하게 받쳐주었습니다.

블루스 드러밍 (Blues drumming)

블루스는 원래 미국 흑인 영가에서 나온 민속음악입니다. 많은 전통 블루스 노래들은 12마디 구조를 사용하고, 셋잇단음표에 기초한 셔플(shuffle)이라는 리듬 패턴을 사용합니다.

스윙 (Swing)

록처럼 블루스에서도 드럼이 중요하게 쓰이고 스네어 드럼이 백비트의 역할을 합니다.
스윙의 물 흐르는 듯한 셋잇단음표의 느낌을 만들기 위해 하이햇과 라이드 심벌을 자주 사용합니다.
스윙은 다양한 대중음악에서 중요한 재료로 사용됩니다. 레슨 15에서 스윙으로 재즈음악을 연주하는 법을 배우게 될 것입니다. 우선은 일정한 비트 위에 가볍고 깔끔하게 심벌을 연주하는 연습을 해보세요.

연습 1.

큰 소리로 박을 세며 연주하세요.

스윙 기보법

스윙은 셋잇단음표로 기보하는 대신 8분음표로 기보하고 곡 앞에 '스윙(Swing)'이라고 씁니다.

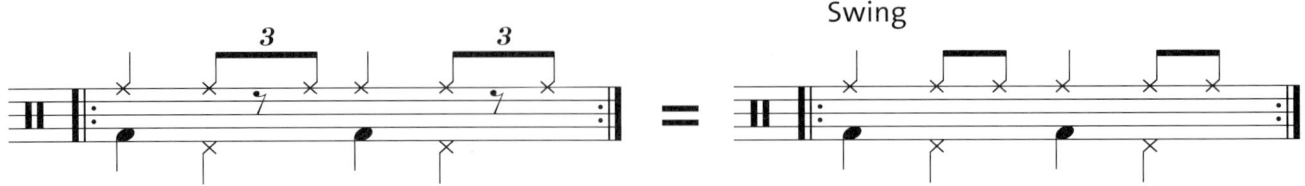

연습 2.

한 파트씩 더해가며 하이햇에서 부드러운 스윙 느낌이 나는 셔플을 완성해보세요.
하이햇에서 충분히 연습한 다음에는 라이드 심벌에서도 연습해보세요.

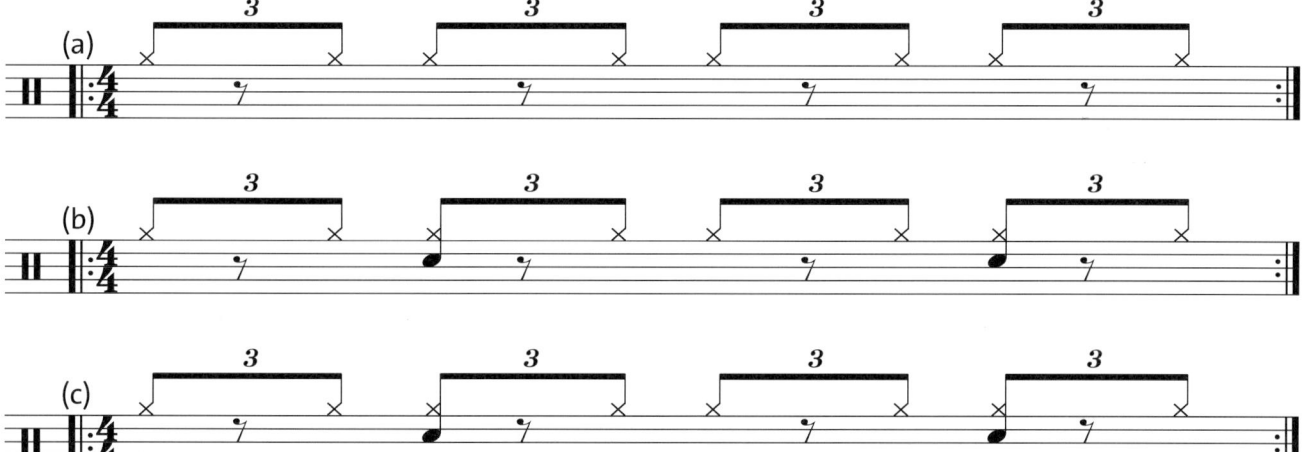

하프 타임 (Half-time feel)

2박과 4박에 연주하는 스네어 백비트 (a) 대신 3박에만 스네어를 연주하면 리듬이 원래보다 2배 느리게 느껴집니다.

다음의 두 악보를 비교해보세요.

블루스 셔플

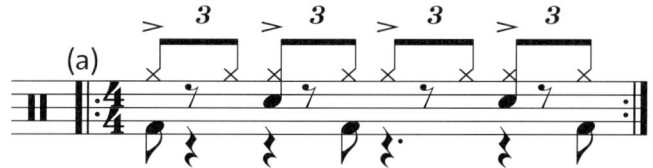

블루스 셔플 (하프 타임)

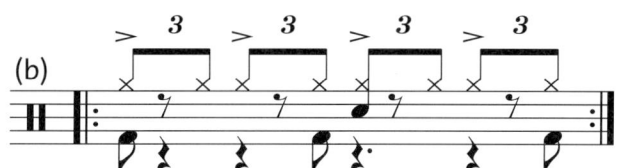

연습 3. 바리에이션 (변주)

기본 셔플은 아래와 같이 다양하게 바꾸어 연주할 수 있습니다. 연습 2처럼 한 파트씩 더해가며 천천히 완성해보세요.

시카고 셔플

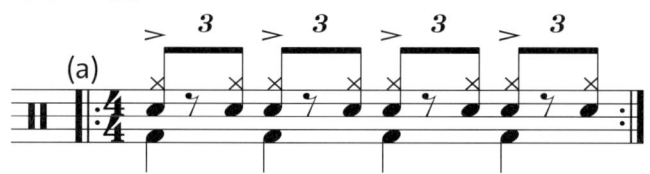

텍사스 셔플

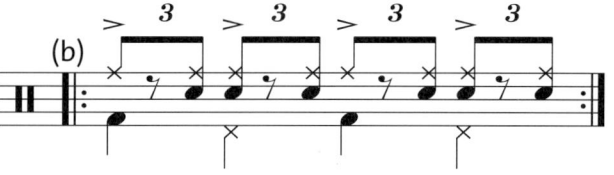

스윙 셔플

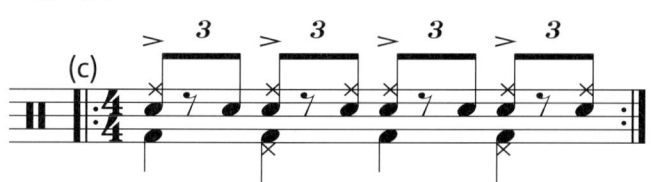

하프 타임 셔플

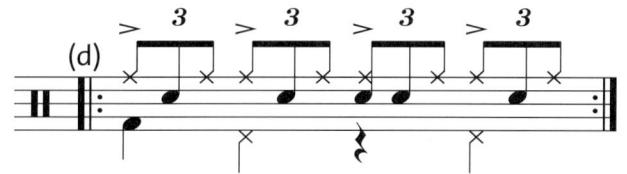

Tip

악보 (d)는 하프
타임입니다.
베이스와 스네어의
위치를 확인하고,
부록 CD를 들어보세요

Lesson 10

픽업 (pick-up)

연주 전에 드러머들이 짧은 프레이즈를 연주하는 것을 픽업이라고 합니다.

이번 레슨의 셔플 패턴 중 하나를 골라, 앞에 픽업을 붙여 연주해보세요.
그런 다음 레슨 9를 참고해 록 리듬에 어울리는 픽업을 만들어보세요.
나만의 픽업과 필 인을 만들어 드럼 연주에 사용해보세요.

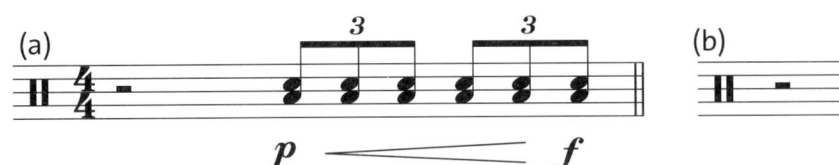

다음 곡은 탐탐과 크래쉬 심벌이 나옵니다. 마디 앞의 숫자는 마디번호이고 알파벳 A는 연습 시 참고할 표시입니다.
마디번호와 알파벳 표시는 합주를 할 때 편리하게 사용할 수 있습니다. 필 인이나 여러가지 바리에이션을 넣어보세요!

레슨 10을 위한 연주곡

On the South Side (남쪽에서)

Pete Kershaw & Steve Kershaw

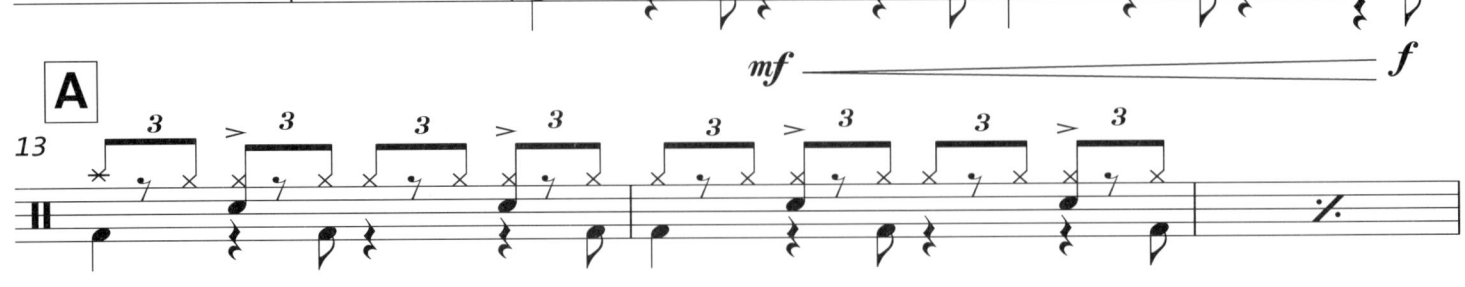

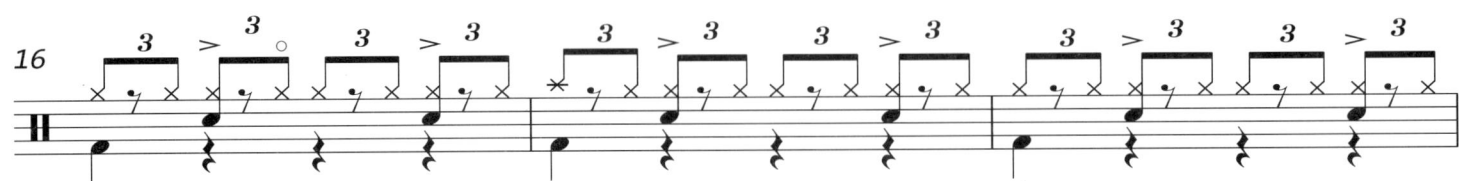

Berners St. Blues (버너스 세인트 블루스)

Si Potts

 **27-28**

1. 루디먼트

(10)

다음을 연주해보세요.

- 파이브 스트로크 롤
  (Five-Strok Roll)
- 버즈 롤
  (Buzz Roll)
- 드랙
  (Drag)

2. 기보법

(10)

축약된 악보를 풀어서 아래에 적어보세요.

3. 페달

(10)

아래 악보를 얼마나 빨리, 그리고 정확하게 연주할 수 있는지 해보세요.

4. 드러머

(10)

각 밴드 드러머의 이름을 찾아보세요.

- Led Zeppelin
- Beatles
- The Police
- Cream

- Queen
- Red Hot Chili Peppers
- Jazz Messengers

- Metalica
- The Crusaders
- Keith Jarrett Standards Trio

5. 음악용어

(10)

다음 용어의 뜻을 적어보세요.

- Andante (안단테) _____
- Piano (피아노) _____

- Presto (프레스토) _____
- Crescendo (크레센도) _____

Total (50)

- Sforzando (스포르찬도) _____

goals:

1. 레게와 스카 드러밍
2. 크로스 스틱
3. 림 샷
4. D.S. al Coda (달 세뇨 알 코다)

레게 드러밍

레게는 1960년대 자메이카에서 스카(Ska, 44쪽 참고)의 영향을 받아 탄생했습니다.
레게에서는 베이스 드럼과 베이스 기타가 함께 3박을 강조합니다. 이것을 **원 드롭**(one drop)이라고 합니다.
리듬 기타는 오프비트(2박과 4박)를 연주하면서 일종의 백비트를 만듭니다. 레게에서는 이 백비트를 **스캥크**(skank)라고 부릅니다.
위대한 레게 뮤지션으로는 밥 말리(Bob Marley)와 블랙 우후루(Black Uhuru), 영국 밴드 스틸 펄스(Steel Pulse)가 있습니다.

Tip

슬라이 던바(Sly Dunbar)는 베이시스트 로비 셰익스피어(Robbie Shakespeare)와 함께 최고의 레게 리듬섹션이 되었습니다.
그들은 원 드롭 스타일 (44쪽 참고)을 기반으로 1970년대에 다른 중요한 레게 스타일들을 탄생시켰습니다.

크로스 스틱 (Cross-stick)

크로스 스틱은 드럼스틱을 거꾸로 잡고 스네어 드럼을 연주하는 것입니다.

스틱의 아랫부분이 위로 올라오도록 스틱의 팁(스틱의 끝부분)을 잡고 팁을 헤드에 놓습니다.

음표 머리에 동그라미가
그려진 것이 크로스 스틱 표시입니다. ♩

그런 다음 스틱의 아랫부분을 드럼의 림(테두리)에 대면 짧고 건조한 금속성의 소리가 납니다.

림 샷 (Rim shot)

림 샷은 스네어 드럼의 헤드와 림을 동시에 쳐서 크고 날카로운 소리를 내는 것입니다.

음표 머리에 동그라미를 그린 뒤
그 안에 X 표시를 한 것이 림 샷 음표입니다. ⊗

Lesson 11

연습 1.

원 드롭 패턴입니다. 한 파트씩 더해가면서 완성하세요.

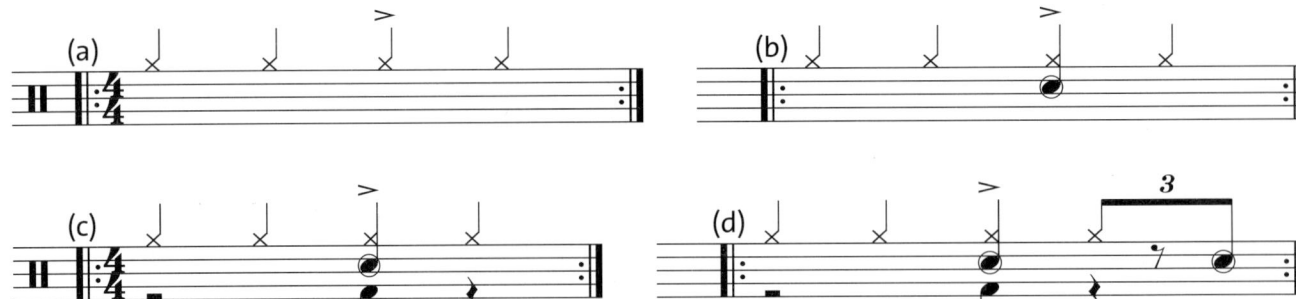

연습 2.

이제 원 드롭의 바리에이션을 연주해보세요. 악보 (**a**)는 레슨 10에서 배운 스윙 셔플 리듬을 추가한 것입니다.

악보 (**b**)는 악보 (**a**)처럼 스윙 셔플을 연주하면서 모든 박에 베이스 드럼을 치는 것입니다.

이렇게 모든 박에 베이스 드럼을 치는 것을 **포 온 더 플로어** (four-on-the-floor)라고 합니다.

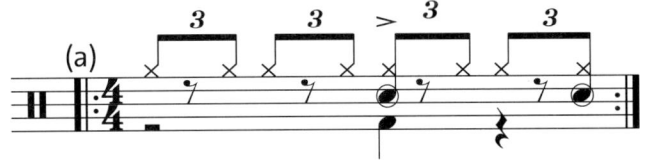
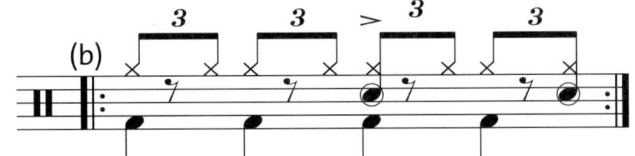

스카 드러밍 (Ska drumming)

스카 스타일은 칼립소 (calypso)와 리듬 앤 블루스를 섞은 것으로, 레게의 토대가 된 리듬입니다. 스카 리듬은 레게 리듬과 아주 비슷해 보이지만, 포 온 더 플로어 베이스 드럼과 오프비트 하이햇 패턴을 자주 사용하며, 레게보다 템포가 빠릅니다.

연습 3. 예비 연습

큰 소리로 박을 세며 연주하세요. 오프비트의 하이햇 음표는 또렷하고 정확해야 합니다.

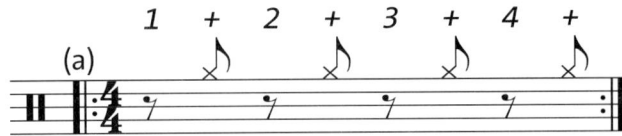

연습 4. 스카 바리에이션

부록 CD를 잘 듣고 직접 연주해보세요. 이런 리듬 패턴이 프린스 버스터 (Prince Buster), 투츠 앤 더 메이털스 (Toots and the Maytals), 스페셜스 (The Specials) 등의 음악에서 어떻게 사용되는지 잘 들어보세요.

바리에이션 (**e**)의 마지막 8분음표는 오픈 하이햇입니다. 하이햇 심벌을 다양한 간격으로 열어보고 마음에 드는 소리를 찾아보세요.

D.S. al Coda (달 세뇨 알 코다)

아래 곡에는 **D.S. al Coda**라는 기호가 나옵니다.

D.S.는 '기호가 있는 곳에서부터'를 뜻하는 이탈리아어 **dal segno** (달 세뇨)의 약자입니다.

D.S. al Coda가 나오면 𝄋 기호로 돌아가서 **To Coda** 𝄌 라고 표시된 곳까지 연주한 뒤

𝄌 **Coda**로 넘어가서 곡을 마무리하세요.

아래 연주곡에서는 레게와 스카의 요소들이 나옵니다. 셋잇단음표를 잘 보고 연주하세요.
가운데 음이 없거나 가운데 음만 연주할 때가 있을 것입니다.

레슨 11을 위한 연주곡

Swing Low, Sweet Chariot (흔들리는 마차)    * 흑인 영가

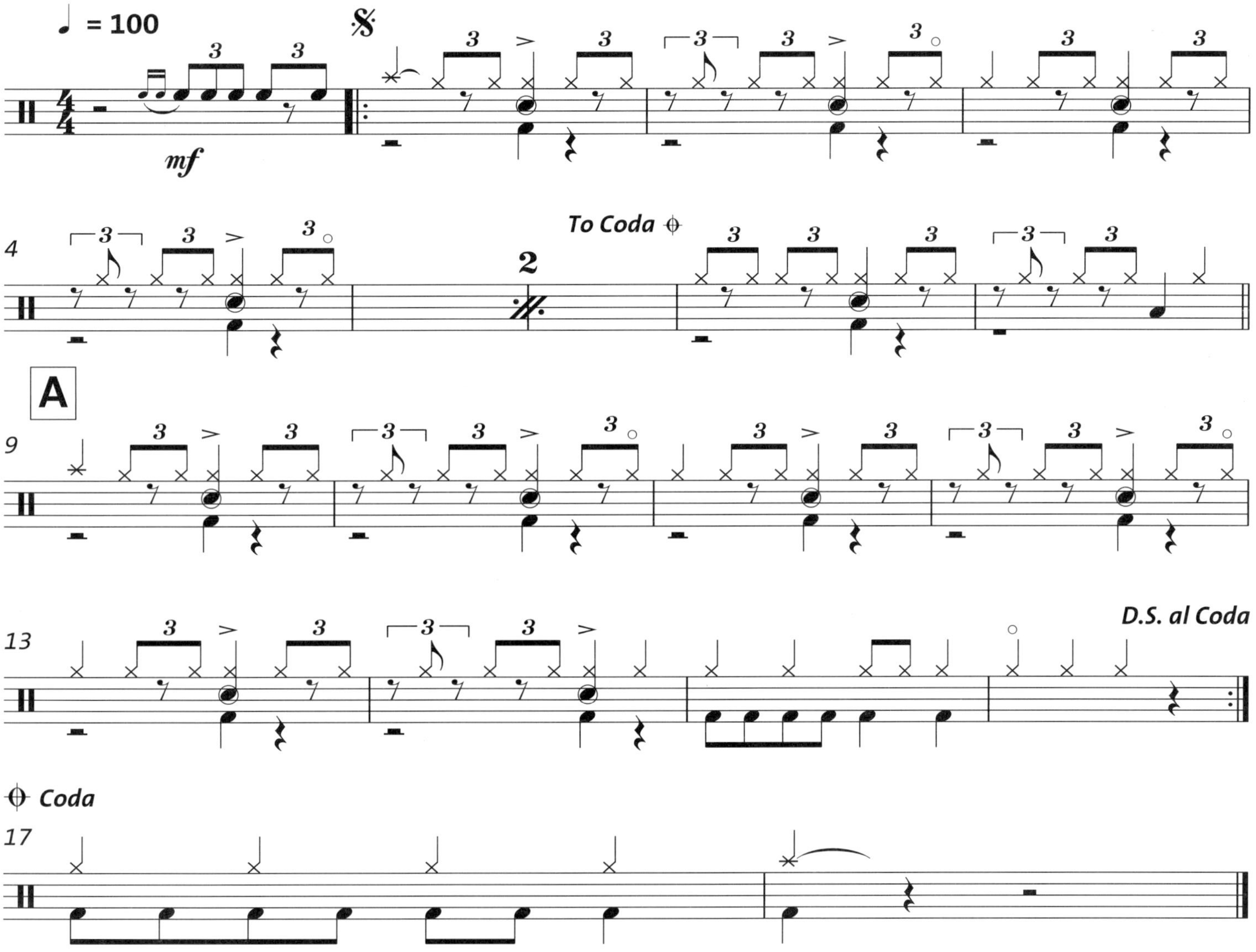

* 흑인 영가: 아프리카에서 노예로 끌려간 흑인들이 만들어 부르던 노래

레슨 11을 위한 연주곡

Oh! Susanna (오! 수재너)

미국 민요

35-36

♩ = 144

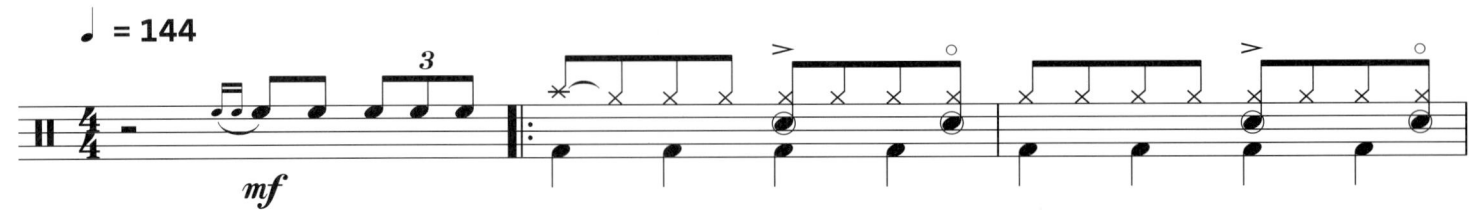

mf

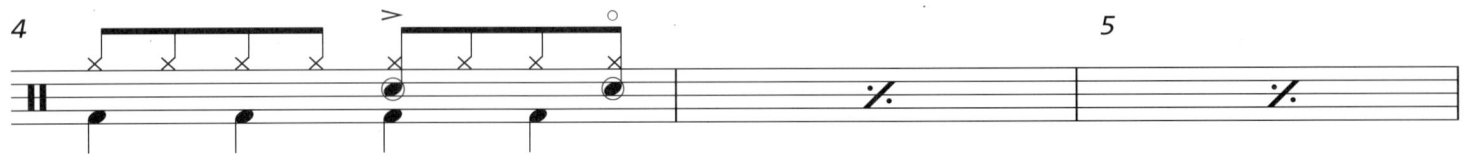

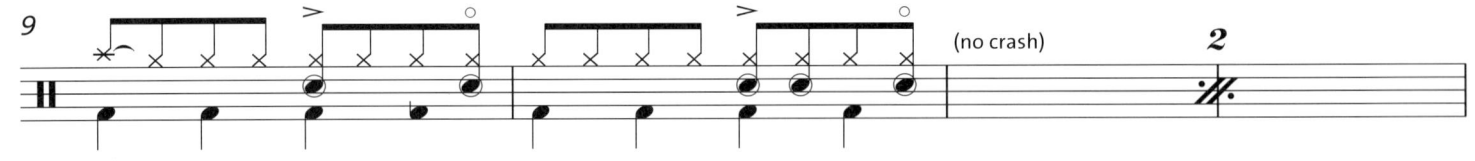

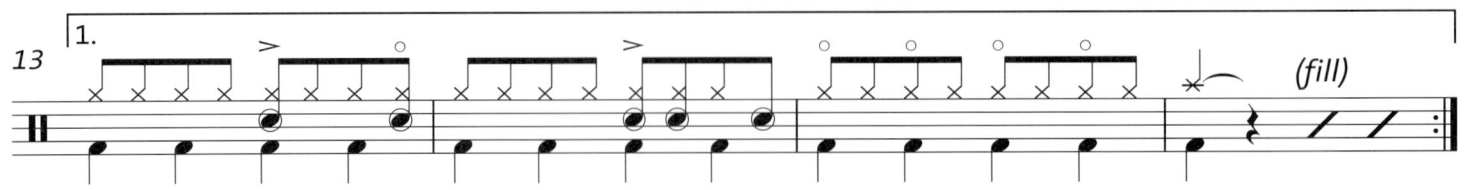

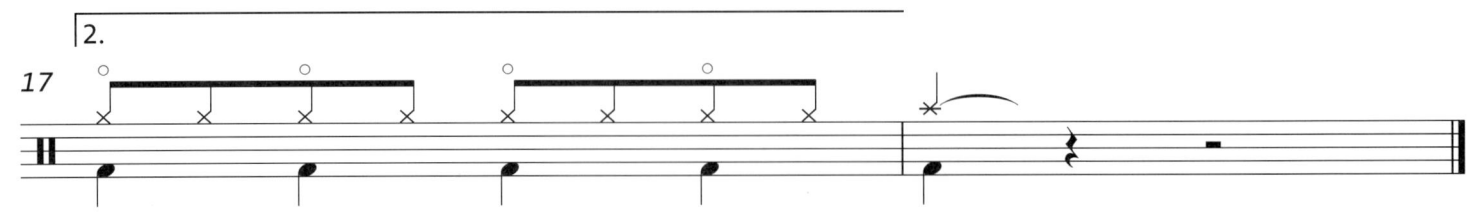

goals:

1. 컨트리 드러밍
2. 왈츠
3. 늘임표 (페르마타)

컨트리 드러밍 (Country drumming)

유럽의 민속음악, 블루스, 미국 남부의 교회음악, 대중음악이
모두 섞인 컨트리 뮤직은 미국의 포크 음악입니다.

컨트리 드러밍에는 록과 블루스의 요소들이 많이
나옵니다. 그중에서도 2박과 4박에서 크로스 스틱을
사용하는 것이 전형적입니다. 베이스 드럼이 가장
두드러지고, 하이햇은 베이스 드럼과 크로스 스틱
사이에서 조용히 '틱' 소리만 내는 역할을 합니다.

Tip

래리 론딘 (Larrie Londin)의
특징은 강한 백비트
스타일입니다.
론딘은 엘비스 프레슬리
(Elvis Presley),
멀 해거드 (Merle Haggard),
돌리 파튼 (Dolly Parton),
쳇 앳킨스 (Chet Atkins) 등
많은 음악가들과 함께
작업했습니다.

연습 1.

37

다음은 여러 가지 컨트리 스타일 리듬 패턴입니다. 부록 CD 뿐 아니라 다양한 연주자들의 음반을 들어보세요.
직접 바리에이션을 만들어 보려면 크로스 스틱을 사용하고, 스네어 드럼 대신 림 샷을 사용해도 좋습니다.

베이직 컨트리 리듬

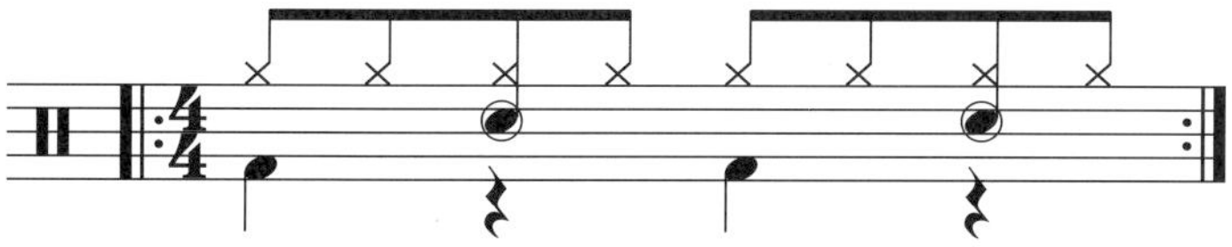

컨트리 셔플

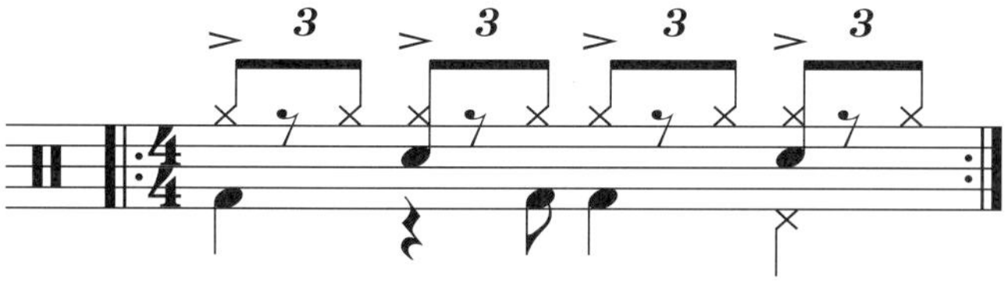

컨트리 셔플 (바리에이션)

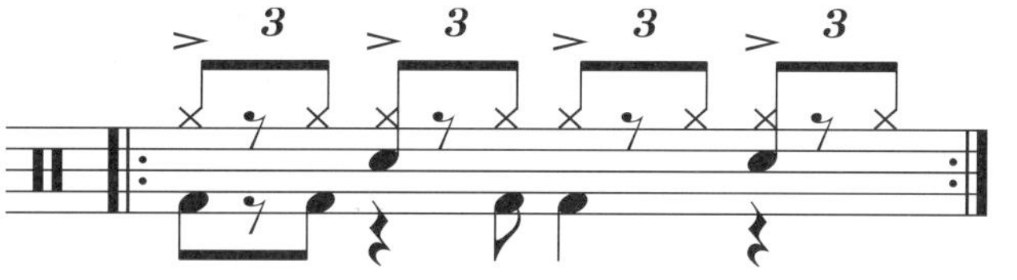

블루그래스 (Bluegrass)

(1)

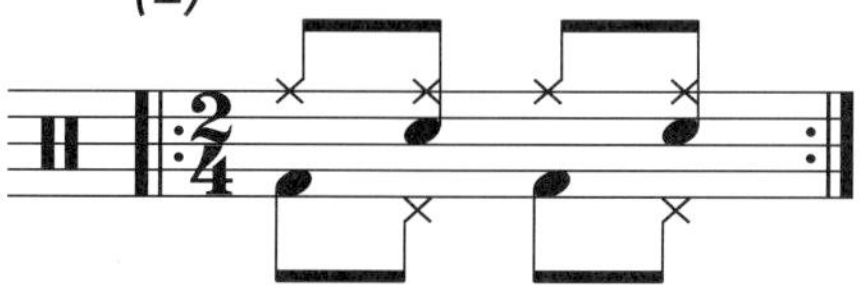

(2)

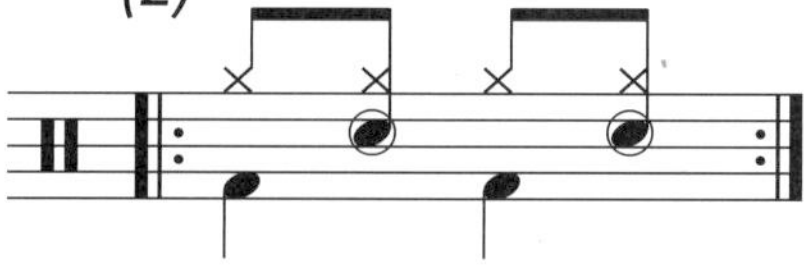

(3)

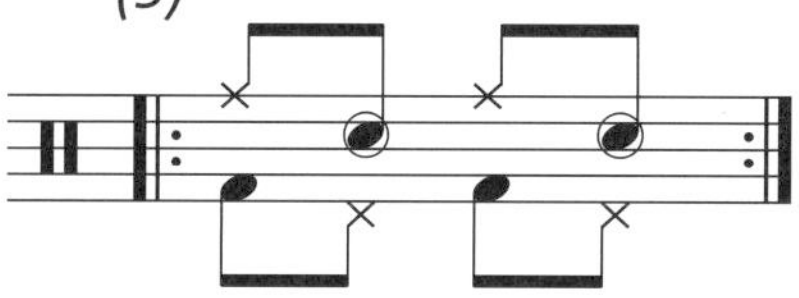

트레인 리듬 (Train Rhythm)

(1)

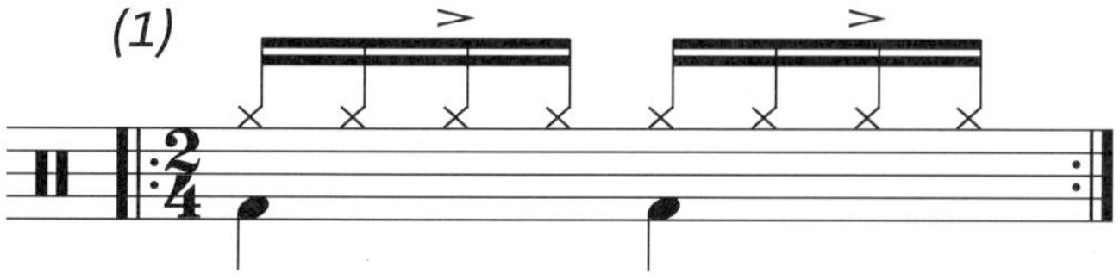

(2)

로커빌리 (Rockabilly)

(1)

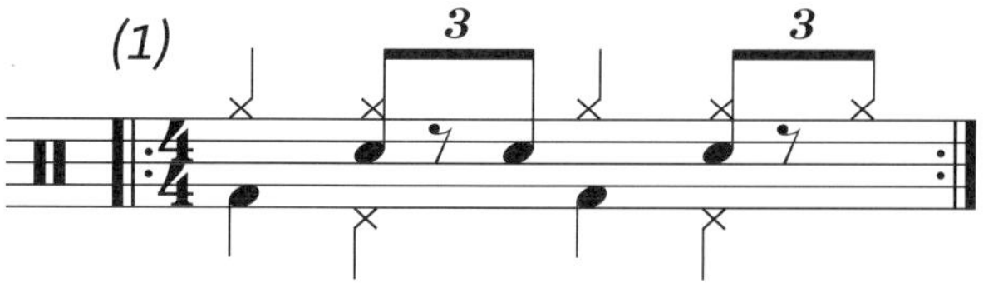

(2)

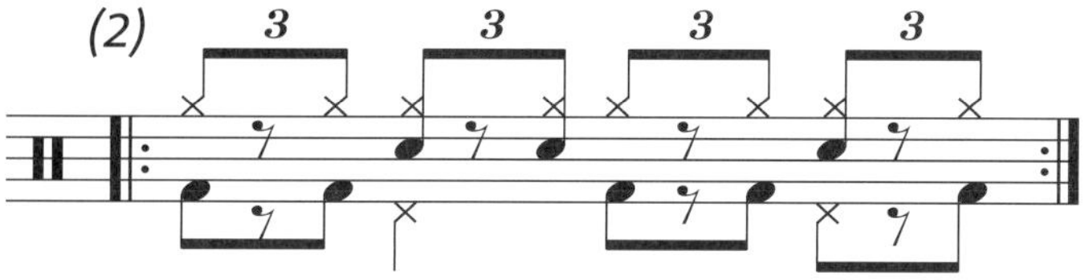

Lesson 12

왈츠 (Waltz)

왈츠는 $\frac{3}{4}$ 박자 춤곡입니다. 컨트리 왈츠는 베이스 드럼과 하이햇이 고전적인 '쿵 – 작 – 작' 소리를 냅니다 (연습 2의 (2) 참고).
$\frac{3}{4}$ 박자 필 인도 만들어보세요!

연습 2. 왈츠 패턴

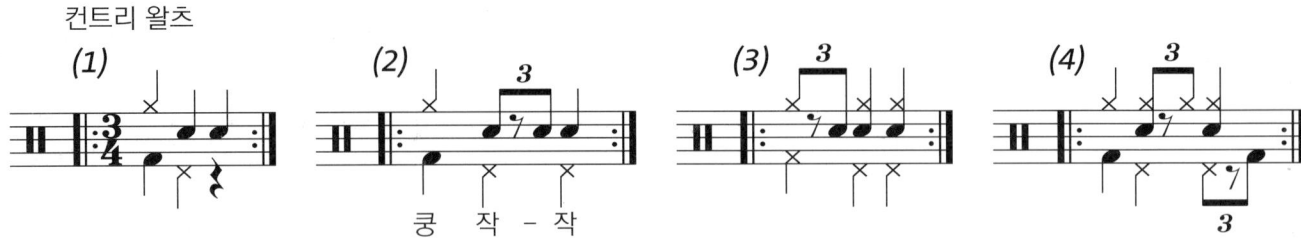

컨트리 왈츠
(1) (2) (3) (4)

쿵 작 – 작

늘임표 (페르마타)

이 기호는 늘임표 또는 페르마타 (fermata)라고 합니다. 이 기호가 보이면 원래의 음길이보다 더 길게 연주합니다.
늘임표 기호는 곡 중간에 음악이 잠시 멈출 때 사용되기도 하고, 곡의 제일 끝에서 마지막 음을 길게 연주할 때
사용되기도 합니다.

레슨 12를 위한 연주곡

Will The Circle Be Unbroken (다시 만날 수 있기를) 🎵 🎵 Charles H. Gabriel

♩ = 102

레슨 12를 위한 연주곡

We Three Kings (동방박사 세 사람)

크리스마스 캐롤

♩ = 100 *Swing* (♫ = ♩♪)

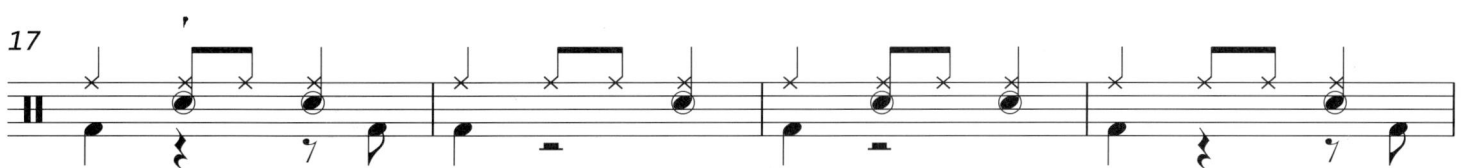

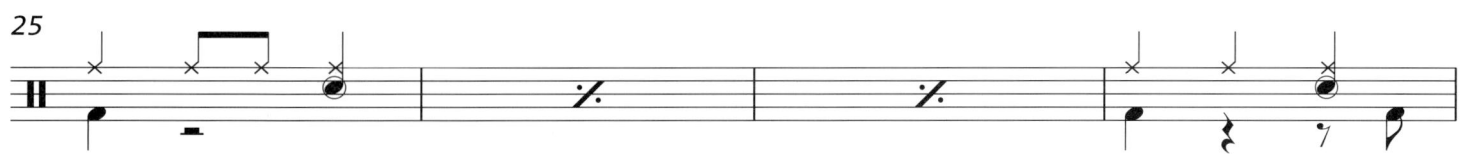

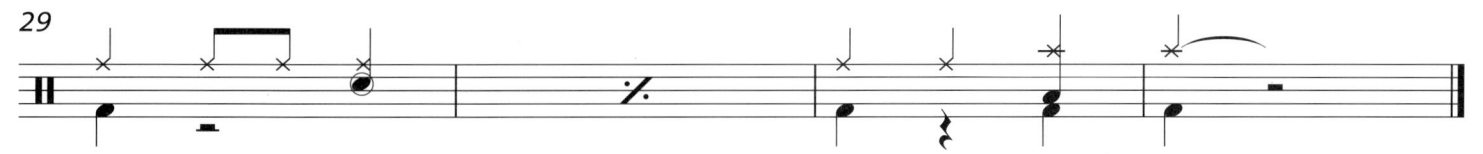

Lesson 13

goals:

1. 펑크 드러밍
2. 싱코페이션
3. 고스트 노트

4. 리니어 드러밍
5. 섭스티투션

Tip

스티브 갯 (Steve Gadd)은 폴 사이먼 (Paul Simon), 제임스 테일러 (James Tayler), 에릭 클랩튼 (Eric Clapton) 뿐 아니라 미국의 유명 재즈, 펑크 음악의 아티스트들과 녹음한 매우 유명한 드러머입니다. 스티브 갯은 어떤 음악 장르를 연주 하건 리듬 섹션의 다른 멤버들과 어울리는 그루브를 만들어낼 수 있는 능력으로 유명합니다.

펑크 드러밍 (Funk drumming)

펑크 음악은 리듬 앤 블루스, 소울, 재즈가 섞인 미국 스타일의 음악이며, 복잡한 리듬에 단순한 노래를 부르는 것이 특징입니다. 펑크 음악에서는 베이스 기타와 베이스 드럼이 서로 맞물리는 경우가 많습니다.

베이스 드럼이 가장 두드러지고, 스네어 드럼이 그 뒤에 있고, 그 다음 가벼운 하이햇 음들이 더해집니다. '고스트' 스네어 드럼 비트가 16분음표로 들어갈 때도 있습니다.

싱코페이션 (Syncopation)

리듬 패턴에서 원래 강조되지 않는 음을 강조하면 싱코페이션 (당김음)이 만들어집니다.
싱코페이션은 강박의 음을 생략해서 만들 수도 있지만, 단순히 강박 바로 직전이나 직후에 연주하는 음이나, 예상치 못했던 곳에서 연주하는 음으로도 만들 수 있습니다. 싱코페이션은 펑크 음악에서 아주 중요합니다. 클라이드 스터블필드 (Clyde Stubblefield)의 음악이 아주 좋은 예입니다.

연습 1.

악보 (a)는 록의 기본 패턴입니다. 악보 (b)는 베이스 드럼이 추가된 것입니다. 악보 (b)의 3박에서는 베이스 드럼을 정박에 연주하지 않고 두 번째 8분음표에 연주하여 싱코페이션을 만듭니다.

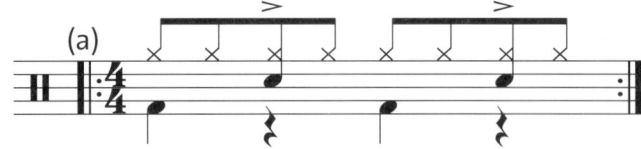

고스트 노트 (Ghost notes)

고스트 노트는 소리가 들릴 듯 말듯하게 연주하는 음입니다. 고스트 노트는 주요 음들 뒤에서 미묘한 텍스쳐를 만들어주는 역할을 합니다. 음표 머리에 괄호를 친 것이 고스트 노트입니다.

연습 2.

악보 (a)는 기본 록 패턴입니다. 악보 (b)는 고스트 스네어 드럼 음표들을 보여줍니다.

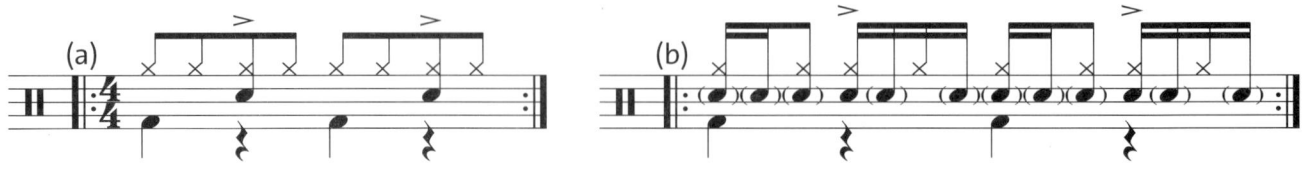

리니어 드러밍 (Linear drumming)

드럼 세트로 연주할 때는 대부분 심벌이 음을 반복하는 동안 나머지 드럼들이 리듬 패턴을 연주합니다. 지금까지 배운 패턴들에서는 심벌이 이렇게 배경의 역할을 했습니다. 이 말은 곧, 베이스 드럼이나 탐탐, 스네어 드럼 중 적어도 하나는 항상 심벌과 동시에 쳤다는 뜻입니다. 이와 달리 리니어 드러밍은 한 번에 하나씩만 치는 것입니다.

연습 3.

악보 (a)는 기본 록 패턴의 바리에이션입니다. 악보 (b)는 (a)의 리니어 드러밍입니다.

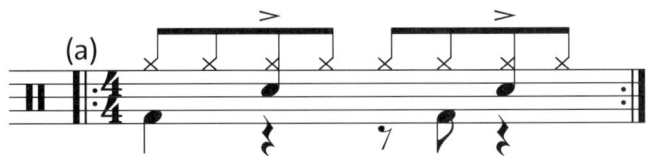  

섭스티투션 (Substitution)

일반적으로 사용되는 소리를 예상 밖의 다른 소리로 바꿔 연주하면 싱코페이션을 강조할 수 있습니다.

연습 4.

연습 3의 록 패턴 대신 이렇게도 연주할 수 있습니다. 악보 (a)에서는 첫 박에 하이햇 대신 탬버린 을 사용합니다. 악보 (b)에서는 하이 탐탐과 로우 탐탐(플로어 탐탐)이 추가되었습니다.

레슨 13을 위한 연주곡에서는 이번 레슨에서 배운 다양한 펑크 리듬(마디 18~24에서의 리니어 패턴, 오프비트에서 오픈 하이햇을 사용하는 마디 26~32의 클래식 디스코 패턴), 단순한 스네어 백비트, 포 온 더 플로어 베이스 드럼이 나옵니다.

마디 반복 기호 앞에 'no crash'라고 써 있는 것은, 앞에서는 크래쉬 심벌을 사용했지만 반복할 때는 사용하지 말라는 의미입니다.

레퍼토리

새로운 스타일과 리듬을 많이 익혀두면 응용력과 순발력이 뛰어난 드러머가 될 수 있습니다.

새로운 리듬을 들으면 악보에 받아 적어보고 연주해보세요.

픽업, 필 인, 그리고 다른 장식적인 리듬을 조금씩 만들어 두면 다양한 스타일에 어울리는 연주를 하는데 도움이 될 것입니다.

레슨 13을 위한 연주곡

Abide With Me (함께 하소서)

Monk

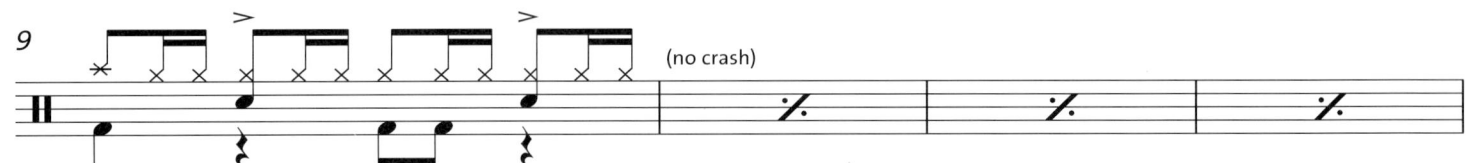

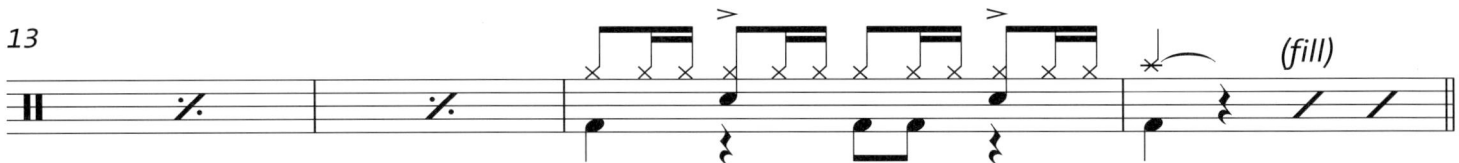

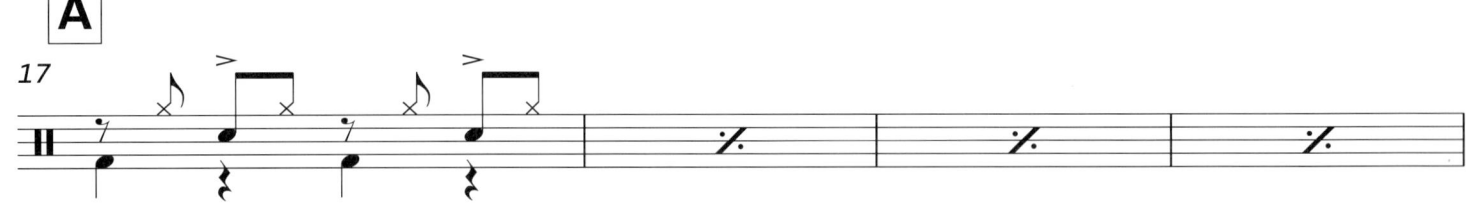

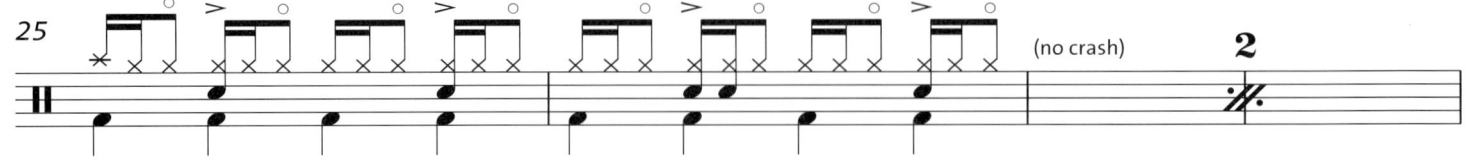

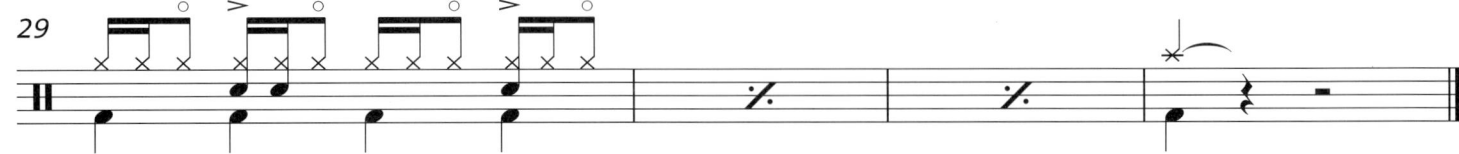

goals:

1. 라틴 아메리칸 드러밍
2. 보사노바
3. 삼바

라틴 아메리칸 드러밍 (Latin American drumming)

라틴 아메리카 음악에는 탱고, 보사노바, 룸바, 삼바, 살사 등이 있습니다.

라틴 아메리카 음악의 특징은 복잡하고 싱코페이션이 많은 리듬으로, 드럼으로 연주하기에 어려운 리듬이 많습니다.

보사노바 (Bossa Nova)

1950년대 말 브라질에서 탄생한 보사노바는 삼바에서 유래했습니다.

보사노바의 특징은 클라베 (clave) 리듬입니다.
클라베는 단단한 나무로 만든 두 개의 스틱입니다.
클라베로 반복해서 연주하는 리듬 패턴이 클라베 리듬입니다.

Photo courtesy of LFI

Photo courtesy of Latin Percussion

드럼에서는 클라베 리듬을 크로스 스틱으로 연주합니다.

클라베 리듬은 2마디 길이의 프레이즈에 5개의 음이 들어 있는데, 마디의 순서를 바꿀 수도 있습니다. 앞마디에 3음이, 뒷마디에 2음이 있는 것은 3:2라고 하고, 반대의 경우를 2:3이라고 부릅니다.

아래 악보는 손 클라베 (son clave) 리듬입니다.

클라베 리듬의 바리에이션인 룸바 클라베 (rumba clave)입니다.

룸바 클라베는 손 클라베에 싱코페이션을 준 것입니다.

연습 1. 보사노바 리듬

하이햇부터 시작해 한 파트씩 추가하며 보사노바 리듬을 완성해보세요.
하이햇은 브라질 셰이커 소리처럼 연주하세요 (**a**).

하이햇 리듬에 크로스 스틱으로 클라베 리듬을 얹어보세요 (**b**).
그 다음에는 베이스 드럼을 추가합니다 (**c**).

마지막 악보 (**d**)에는 하이햇 리듬이 라이드 심벌로 옮겨갔고, 하이햇 페달에 단순한 리듬이 추가되었습니다.
전체적인 분위기는 가볍고 명랑해야 합니다. 보사노바가 어떤 분위기의 음악인지 보사노바 CD를 찾아서 들어보세요.

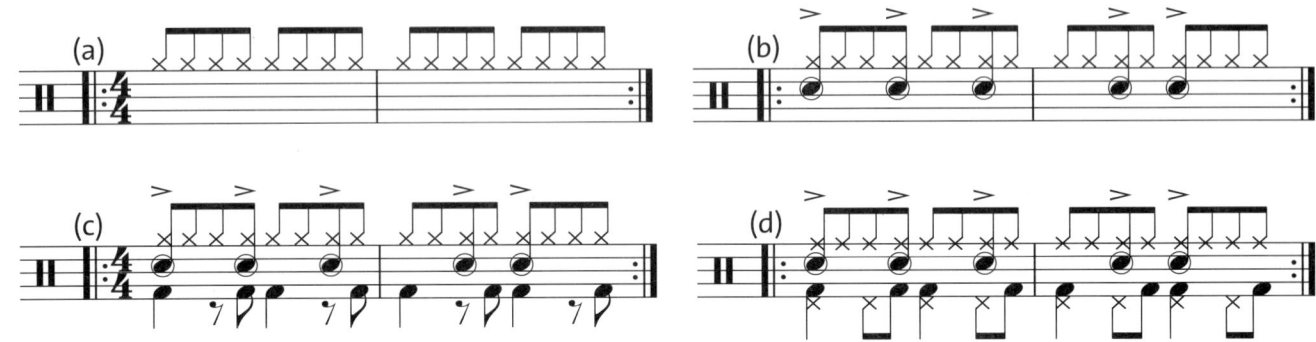

삼바 (Samba)

삼바는 아프리카 춤과 드러밍에서 기원하여 포르투갈 민속 리듬과 혼합된 장르입니다.
삼바는 매우 대중적이고 에너지 넘치는 춤입니다. 삼바에서는 다양한 리듬 패턴이 각각 독립적으로 흘러야합니다.

연습 2. 삼바 리듬

마찬가지로 한 번에 한 파트씩 추가하며 리듬을 완성해보세요.
하이햇 (**a**)으로 시작해서 크로스 스틱 (**b**)과 베이스 드럼 (**c**)을 추가하세요.
삼바 리듬에 익숙해지면 하이햇 파트를 라이드 심벌로 연주하고 (**d**) 하이햇 페달로는 오프비트 페달음을 연주하세요.

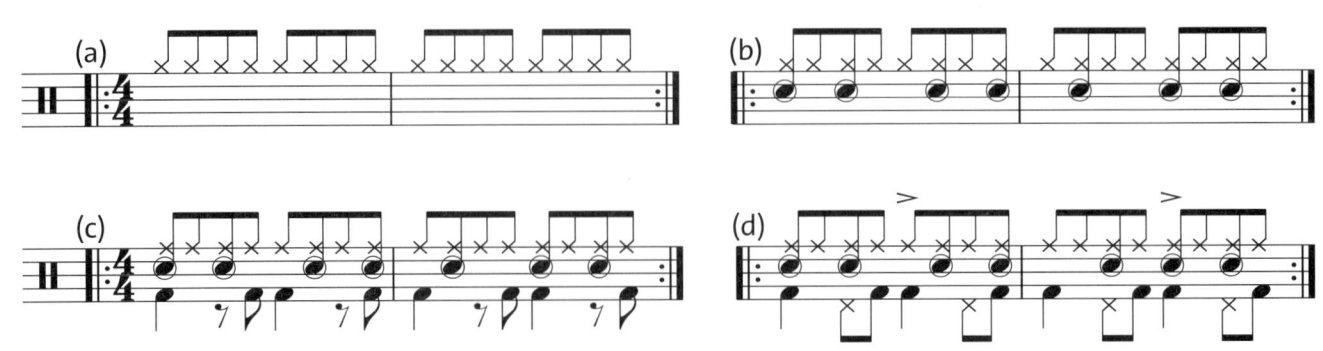

레슨 14를 위한 연주곡

Voodoo Girl (부두 소녀)

Pete Kershaw & Steve Kershaw

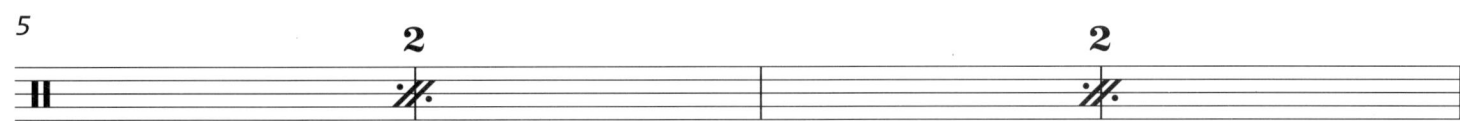

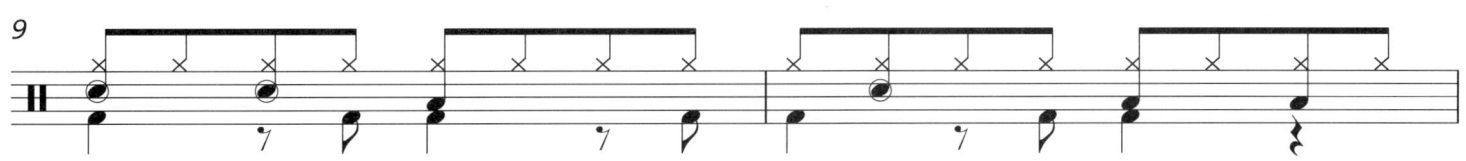

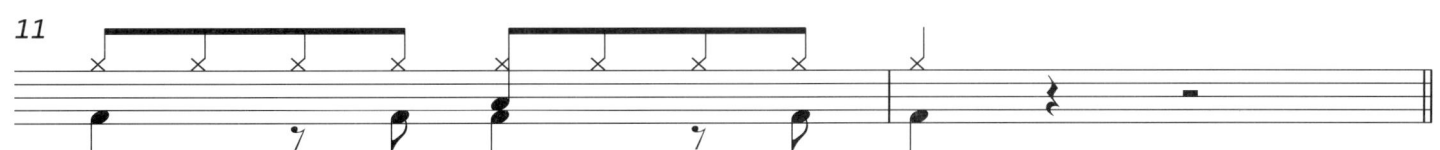

A

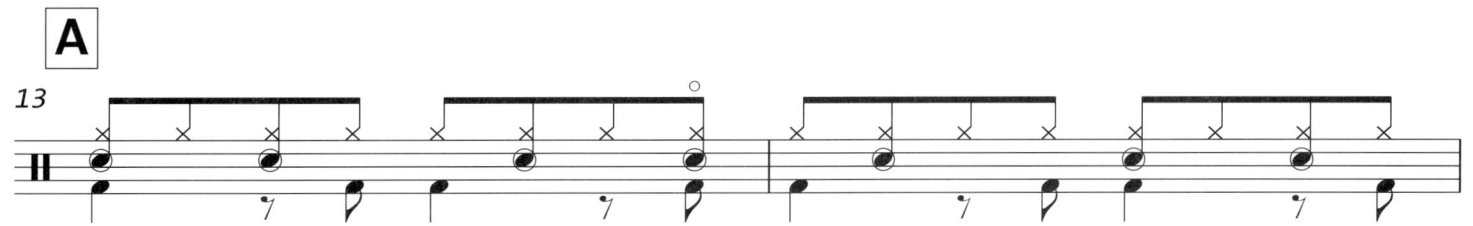

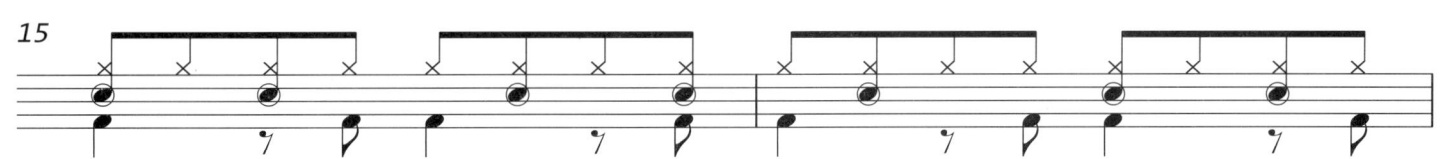

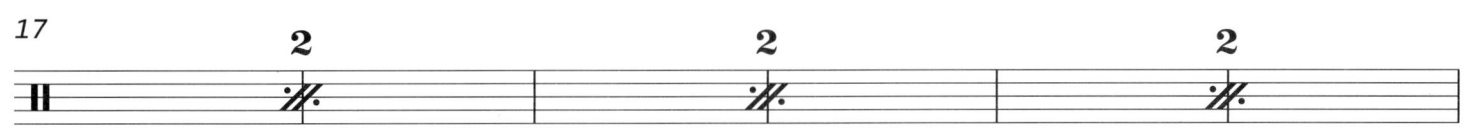

goals:

1. 재즈 드러밍
2. 인디펜던스

3. 스윙 기보법
4. 재즈 프레이징

Tip

맥스 로치(Max Roach)는 재즈 역사에서 가장 중요한 드러머 중 한 명입니다. 그는 특히 디지 길레스피(Dizzy Gillespie), 찰리 파커(Charlie Parker)와 함께 연주했던 것으로 유명합니다. 그의 유려하고 창의적인 스타일은 드럼이 재즈에서 단순한 리듬 악기에서 솔로 악기의 위치로 올라가는 데 기여했습니다.

재즈 드러밍 (Jazz drumming)

재즈는 여러 가지 음악이 섞여있는 장르입니다. 재즈의 뿌리는 서아프리카 노래 스타일이지만, 블루스, 랙타임, 유럽 민속음악과 군대음악, 춤곡 리듬과 대중가요 형식이 모두 재즈 안에 녹아들어 있습니다.

재즈의 특징은 싱코페이션, 스윙, * 폴리리듬(poly-rhythm), 콜 앤 리스폰스, 그리고 즉흥연주입니다. 이 중에서도 스윙이 특히 중요합니다. 레슨 10에서 배운 셔플 리듬을 이번 레슨에서 더 자세히 배울 것입니다.

재즈의 리듬 패턴은 보통 4분음표로 된 강한 박에 기초하며 셋잇단음표가 장식적인 역할을 합니다. 라이드 심벌이 강조되고 하이햇은 페달로 연주합니다. 이 두 악기는 가장 크게 연주하며 밴드의 시계(time keeper) 역할을 합니다.

* 폴리리듬: 서로 다른 리듬을 겹쳐놓은 것

53

연습 1. 재즈 라이드 심벌 패턴

라이드 심벌은 템포에 따라 다양하게 연주할 수 있습니다.

먼저 일정한 박에 맞춰 라이드 심벌을 연주해보세요(**a**).
템포가 느릴 때는 오프비트 라이드 심벌이 셋잇단 리듬의 세 번째 박에 나옵니다(**b**).
템포가 빠를 때는 오프비트 음이 거의 스윙하지 않고 연주합니다(**c**).

중간 템포로 베이스 드럼을 추가하여 연주해보세요(**d**).
그리고 모든 박에 라이드 심벌로 강한 악센트를 주세요. 셋잇단음표는 가볍고 깔끔한 스윙으로 연주하세요.

악보(c)는 템포가 너무 빨라 4분음표 대신 2분음표로 표시했습니다.

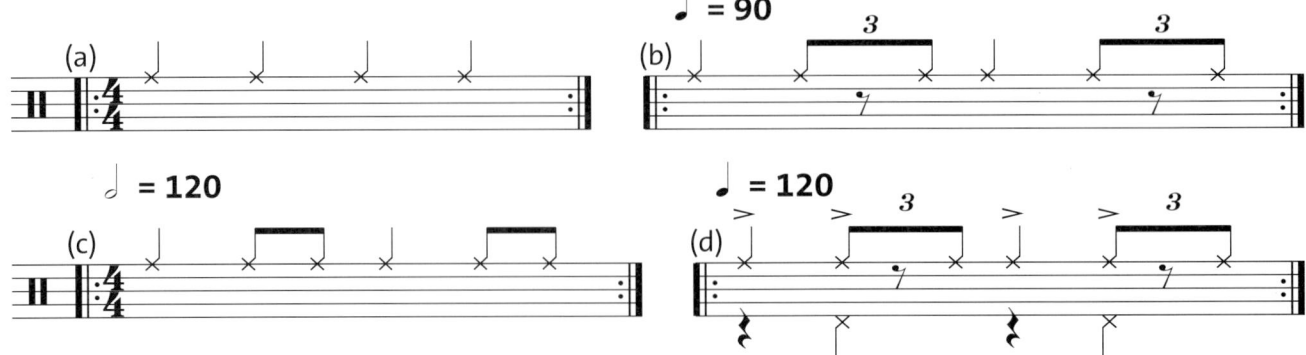

인디펜던스 (Independence)

많은 드러머들이 독주 연습을 즐겨하며, 재즈 드러밍에서는 즉흥적으로 연주하는 법을 익히는 것이 중요합니다.
이를 위해서는 먼저 손과 발을 독립적으로 사용하는 연습을 해야 합니다. 아래의 연습은 음악 스타일에 관계없이
드럼을 잘 연주할 수 있게 도와줄 것입니다.

연습 2. 인디펜던스 연습

처음에는 천천히 한 부분씩 연습해도 좋습니다. 노력한 보람이 있을 것입니다!

위의 리듬을 편하게 연주할 수 있게 되면 스네어 드럼 악센트도 넣어 연주해보세요.

새로운 패턴 만들기

새로운 리듬 패턴을 배울 때는 악보 가장 윗줄의 심벌과 하이햇을 먼저 익히는 것이 편합니다.
윗줄이 익숙해지면 악보 아래로 내려가며 한 파트씩 추가하세요.

처음에는 천천히 연습하다가 조금씩 템포를 올리세요.

표준 드럼 기보법으로 리듬이나 필 인을 적는 것이 어렵다면, 63쪽의 표를 사용해보세요.
(여러 장 복사해서 사용해도 좋습니다.)

어떤 박에 어느 드럼을 연주해야 하는지 네모 칸을 칠한 뒤에 그 아래에 표준 기보법을 적으면 악보를 읽는 데
도움이 될 것입니다.

Lesson 15

연습 3. 재즈 스타일

자주 사용되는 재즈 리듬 패턴입니다. 다양한 템포로 연습해보세요. 재즈 음반을 많이 들으면 도움이 됩니다. 음반을 많이 듣다보면 다양한 리듬에 익숙해지고, 나중에는 드러머들의 특징까지 알게 될 것입니다. 마음에 드는 필 인을 골라 합주 할 때 사용해보세요.

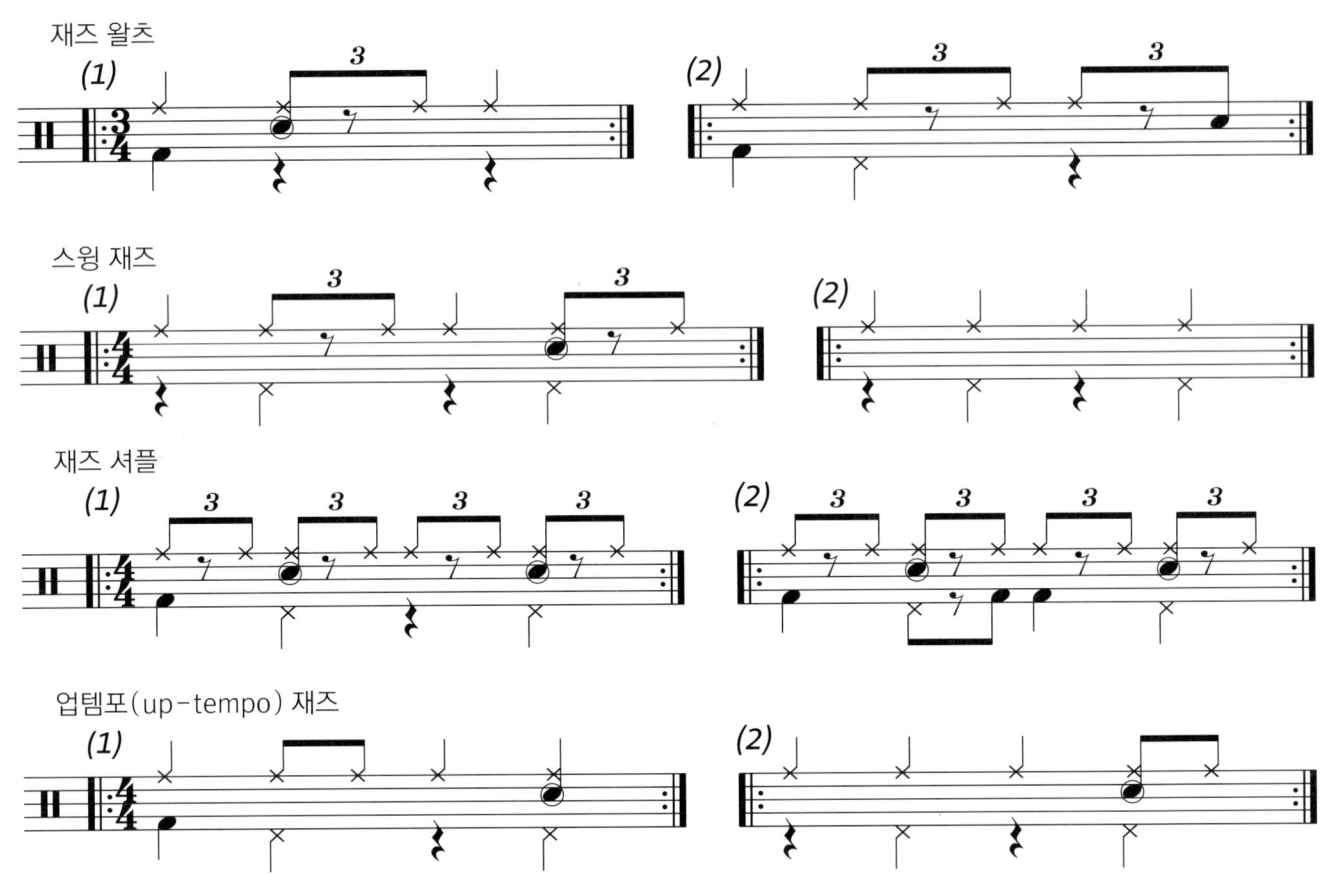

아래 연주곡에는 다양한 재즈 패턴이 나옵니다. 필 인을 연주할 수 있는 부분도 많습니다.
악보에서 D에 있는 'ad lib(애드립)'은 즉흥연주를 하라는 의미입니다. 즉흥적으로 장식을 추가하여 연주해보세요.

마디 40에는 연주할 수 있는 필 인의 예가 있습니다. 이 리듬과 부록 CD에서 다른 악기들의 소리를 참고하여 어떤 리듬으로 필 인을 연주할지 결정해보세요.

레슨 15를 위한 연주곡

Kitsbury Strut (키츠버리의 멋쟁이)

Pete Kershaw & Steve Kershaw

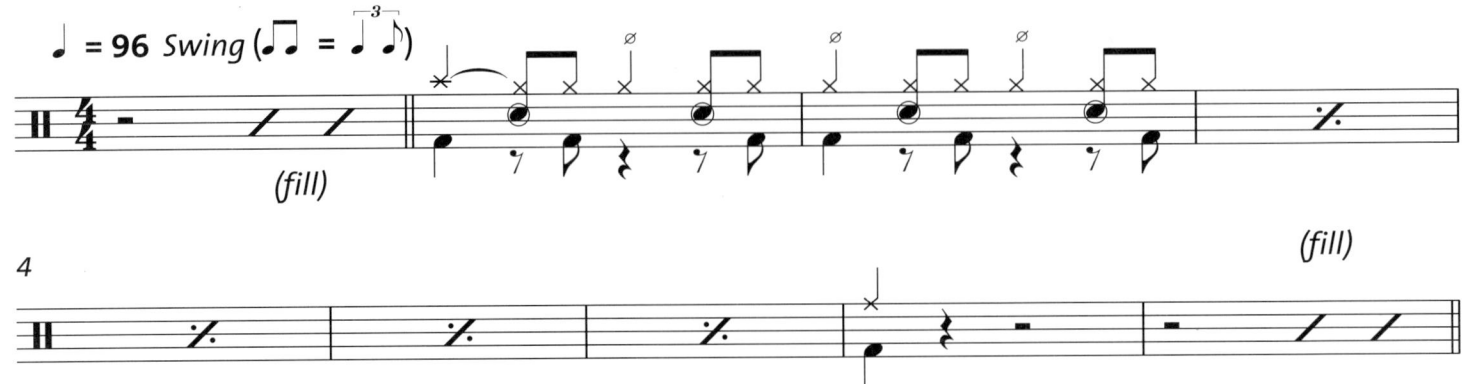

1. 스타일

(10)

다음 스타일의 리듬 패턴을 연주하세요.

• 펑크 리듬 (Funk)   • 스윙 (Swing)   • 컨트리 (Country)   • 스카 (Ska)   • 록 (Rock)

2. 인디펜던스

(10)

다음 인디펜던스 연습을 해보세요.

3. 템포

(10)

다음 템포를 연주해본 다음 메트로놈으로 확인해보세요.

♩ = 100 (100bpm)   ♩ = 65 (65bpm)   ♩ = 140 (140bpm)

4. 기보

(10)

다음 음표의 뜻은?

⊗ _____   ♩ _____

5. 음악용어

(10)

다음 용어의 뜻을 적어보세요.

Total (50)

• D.S. al Coda (달 세뇨 알 코다) _____

• Sim. (시밀레) _____

• Diminuendo (디미누엔도) _____

• Forte (포르테) _____

• Adagio (아다지오) _____

Jingle Bells Rock (징글벨 록)

C. Baker 편곡

♩ = 144

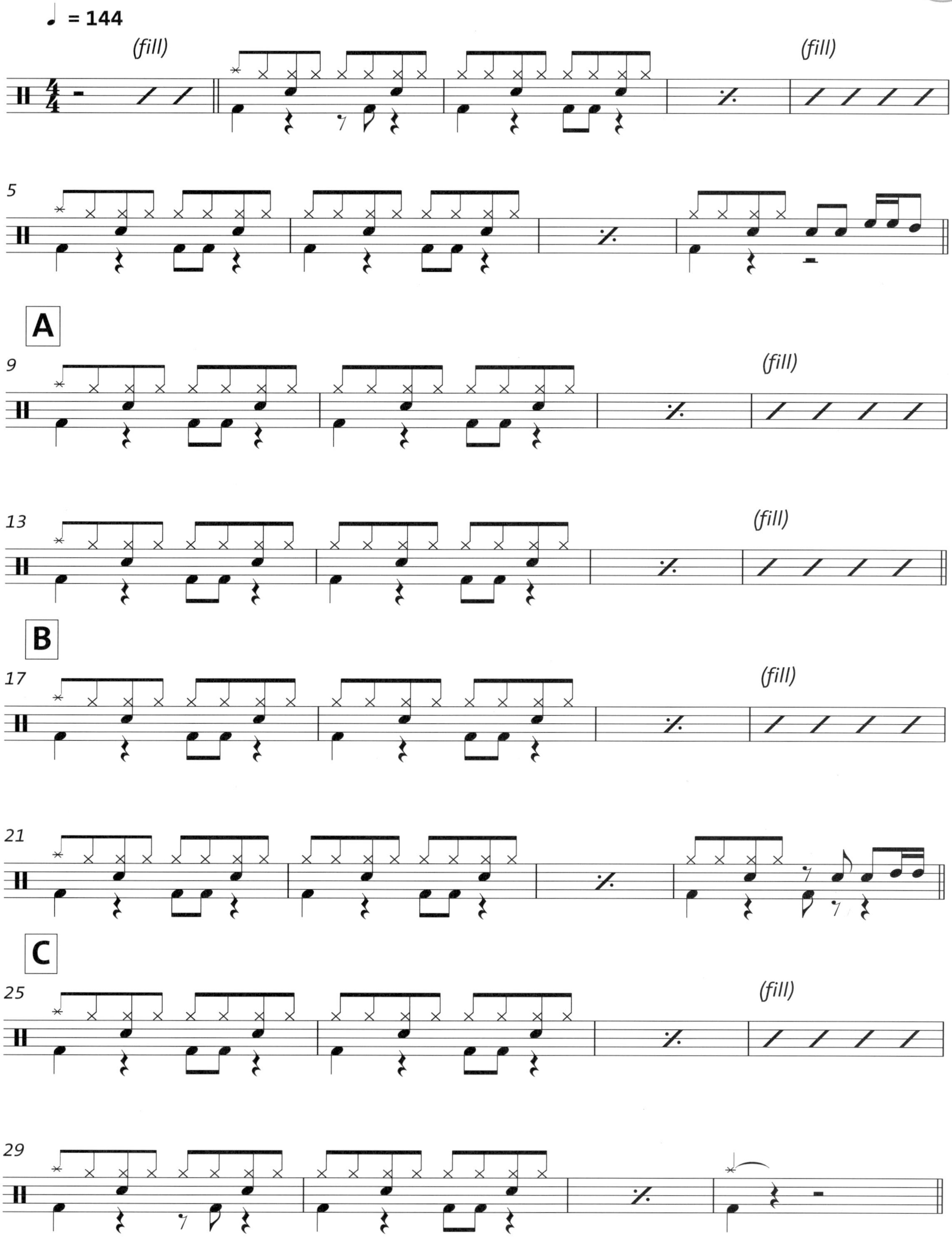

60-61

응용곡

Can Can (캉캉)

Offenbach

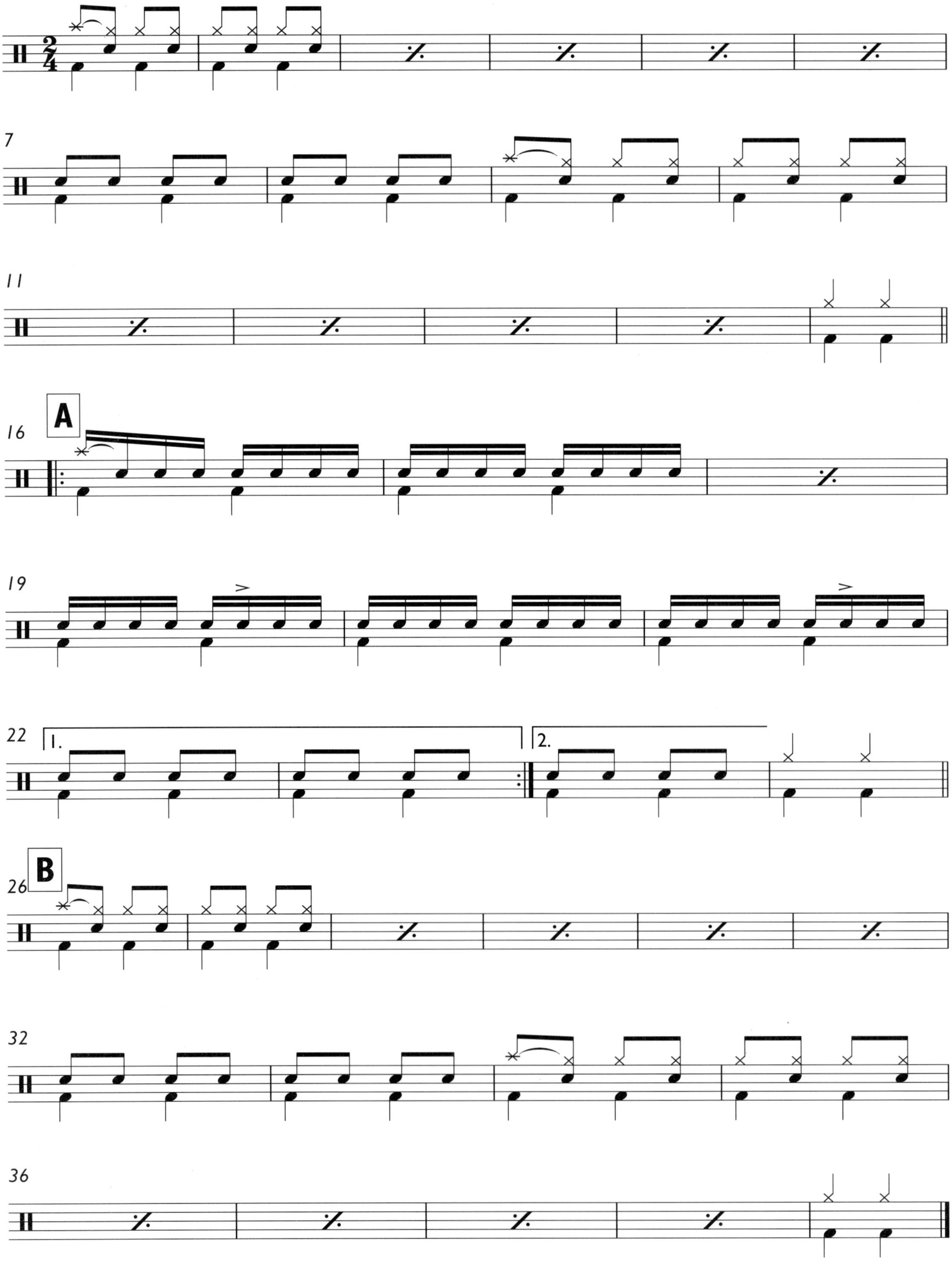

Drum Maps

새로운 리듬을 연습할 때 이 드럼맵을 사용하세요. 표에 색칠을 한 뒤에 오선보에 옮겨 적어 보세요.

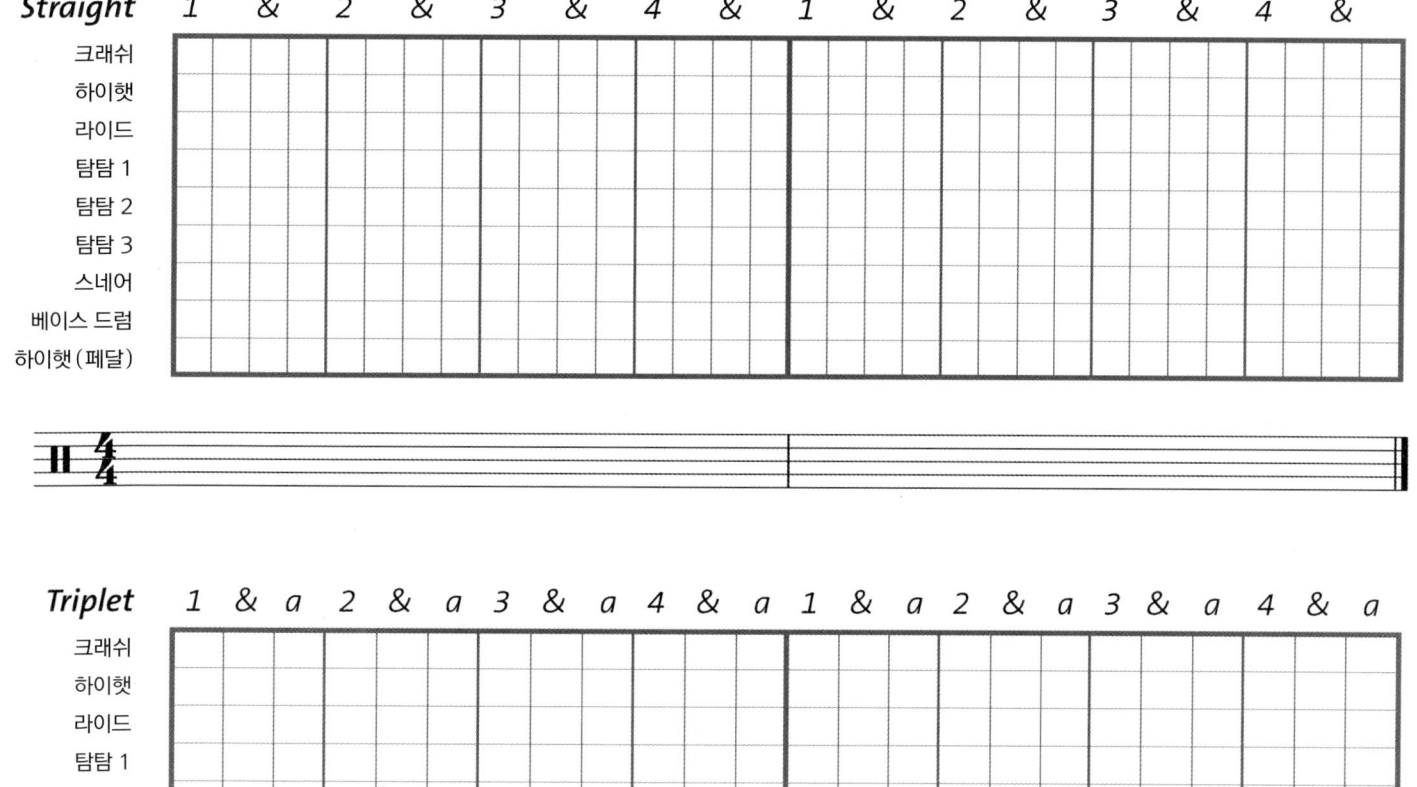

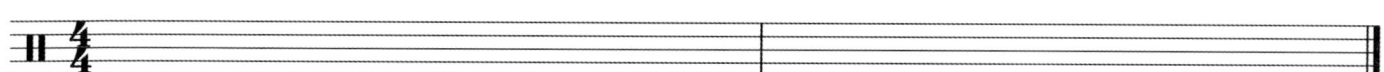

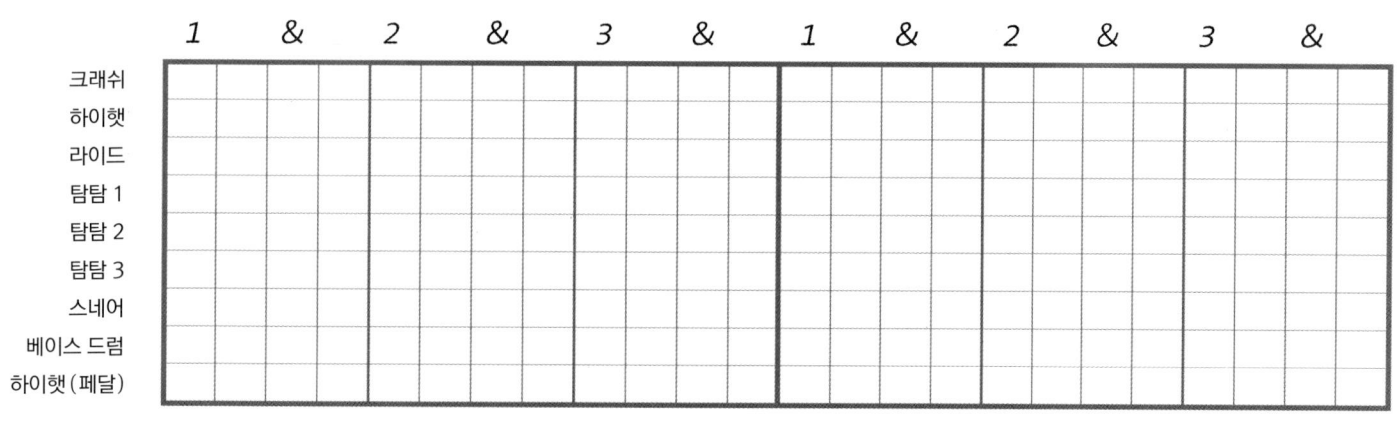

CD track

1	드럼 연주의 예	**28**	Berners St. Blues *(반주)*	**55**	Lesson 15 연습 3 *(연주)*
2	Au Clair de la Lune *(연주)*	**29**	Lesson 11 연습 1 *(연주)*	**56**	Kitsbury Strut *(연주)*
3	Au Clair de la Lune *(반주)*	**30**	Lesson 11 연습 2 *(연주)*	**57**	Kitsbury Strut *(반주)*
4	Twinkle Twinkle, Little Star *(연주)*	**31**	Lesson 11 연습 3 *(연주)*	**58**	Jingle Bells Rock *(연주)*
5	Twinkle Twinkle, Little Star *(반주)*	**32**	Lesson 11 연습 4 *(연주)*	**59**	Jingle Bells Rock *(반주)*
6	Anitra's Dance *(연주)*	**33**	Swing Low, Sweet Chariot *(연주)*	**60**	Can Can *(연주)*
7	Anitra's Dance *(반주)*	**34**	Swing Low, Sweet Chariot *(반주)*	**61**	Can Can *(반주)*
8	Early One Morning *(연주)*	**35**	Oh! Susanna *(연주)*	**62**	연습 트랙: 65 bpm
9	Early One Morning *(반주)*	**36**	Oh! Susanna *(반주)*	**63**	연습 트랙: 80 bpm
10	The First Noël *(연주)*	**37**	Lesson 12 연습 1 *(연주)*	**64**	연습 트랙: 100 bpm
11	The First Noël *(반주)*	**38**	Lesson 12 연습 2 *(연주)*	**65**	연습 트랙: 120 bpm
12	Lesson 6 Duet *(연주)*	**39**	Will The Circle Be Unbroken *(연주)*	**66**	연습 트랙: 140 bpm
13	Frère Jacques *(연주)*	**40**	Will The Circle Be Unbroken *(반주)*		
14	Frère Jacques *(반주)*	**41**	We Three Kings *(연주)*		
15	The Drunken Sailor *(연주)*	**42**	We Three Kings *(반주)*		
16	The Drunken Sailor *(반주)*	**43**	Lesson 13 연습 1 *(연주)*		
17	Big Six *(연주)*	**44**	Lesson 13 연습 2 *(연주)*		
18	Jingle Bells *(연주)*	**45**	Lesson 13 연습 3 *(연주)*		
19	Jingle Bells *(반주)*	**46**	Lesson 13 연습 4 *(연주)*		
20	Auld Lang Syne *(연주)*	**47**	Abide With Me *(연주)*		
21	Auld Lang Syne *(반주)*	**48**	Abide With Me *(반주)*		
22	Lesson 10 연습 2 *(연주)*	**49**	Lesson 14 연습 1 *(연주)*		
23	Lesson 10 Half-time feel *(연주)*	**50**	Lesson 14 연습 2 *(연주)*		
24	Lesson 10 연습 3 *(연주)*	**51**	Voodoo Girl *(연주)*		
25	On The South Side *(연주)*	**52**	Voodoo Girl *(반주)*		
26	On The South Side *(반주)*	**53**	Lesson 15 연습 1 *(연주)*		
27	Berners St. Blues *(연주)*	**54**	Lesson 15 연습 2 *(연주)*		

부록 CD

트랙 1은 드럼 연주의 예를 들려줍니다.
트랙 2부터는 책에 배치된 순서대로
곡이 수록되어 있습니다.

그림 위에 적힌 숫자가 트랙 번호입니다.

발행인 이병직
발행처 도서출판 뮤직트리

초판 1쇄 발행 2011년 6월 20일

출판신고 2003년 7월 11일 제 406 - 2003 - 00006호
121 - 840 서울시 마포구 서교동 395 - 179 미르B/D 3F TEL. 02)325 - 2592 FAX. 02) 334 - 4704

번 역 윤인영
감 수 최경환
편 집 강효정 · 박수연 · 윤인영 · 김지니
디자인 책임 이현정
디자인 진행 페이지 엠 (www.page - m.com)

ISBN 978 - 89 - 6296 - 174 - 4
        978 - 89 - 6296 - 148 - 5 (set)

정가 10,000원

www.adventure.co.kr

하프 타임 셔플 (스윙 느낌)

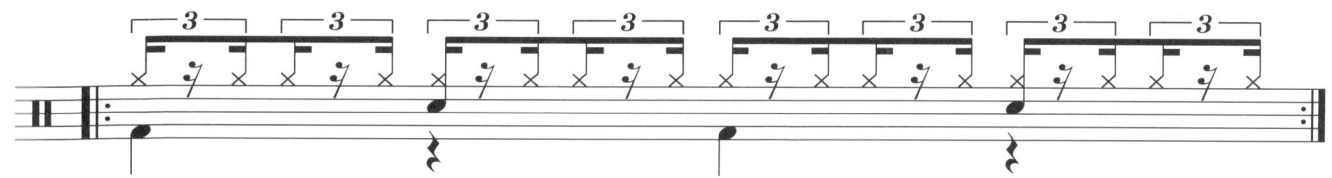

재즈 라이드 패턴 (스윙 느낌)

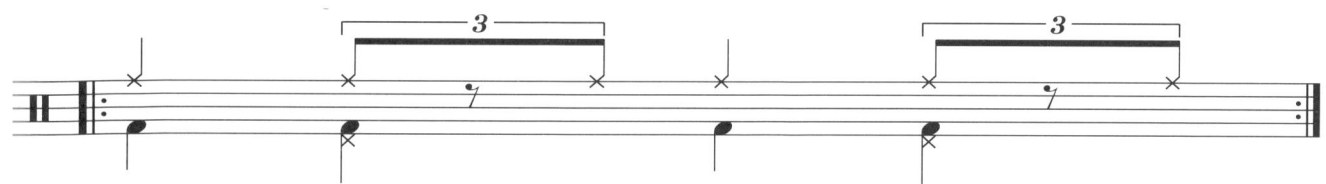

레게: 원 드롭 (스윙 느낌)

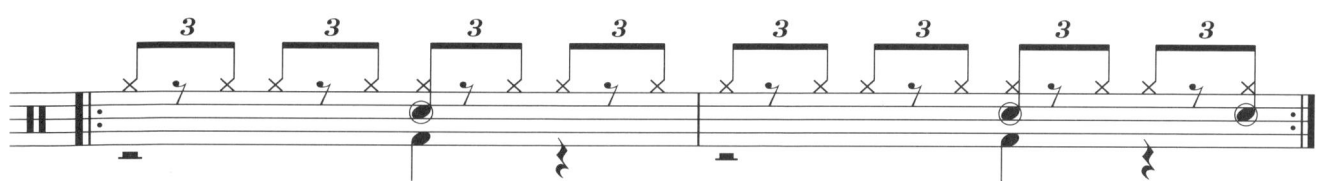

보사노바

차차차

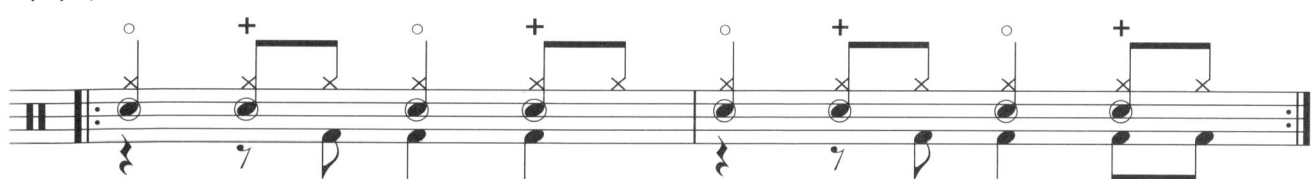

손 클라베 3 : 2

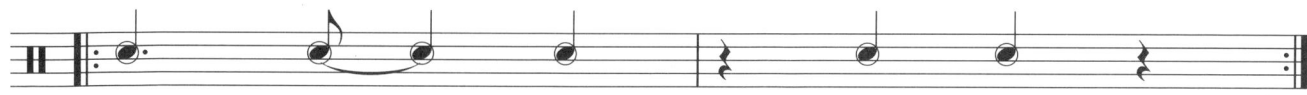

4비트 그루브

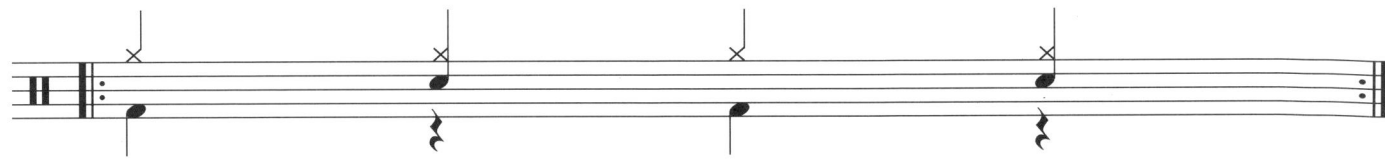

8비트 그루브

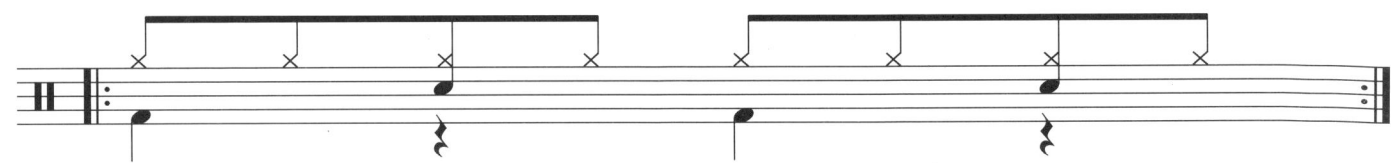

16비트 그루브 (하이햇 한 손으로)

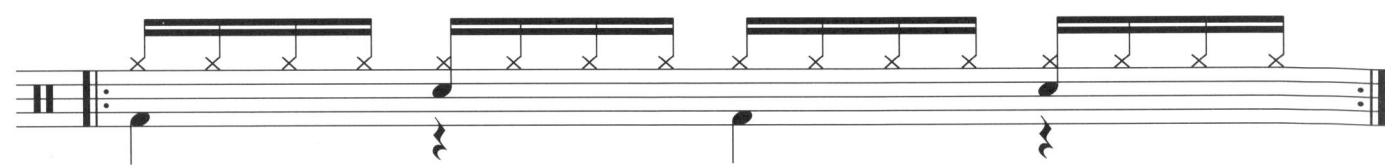

16비트 그루브 (하이햇 양손으로)

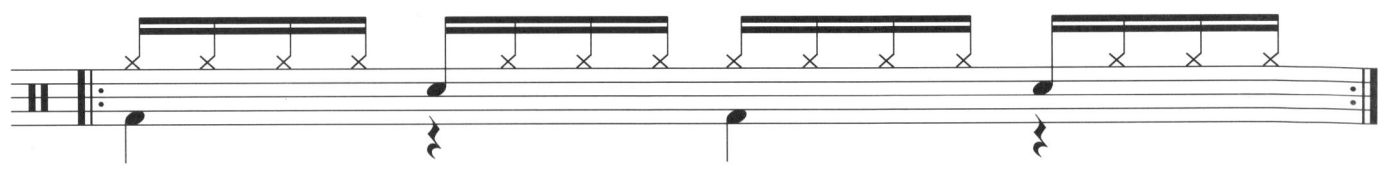

12/8 블루스

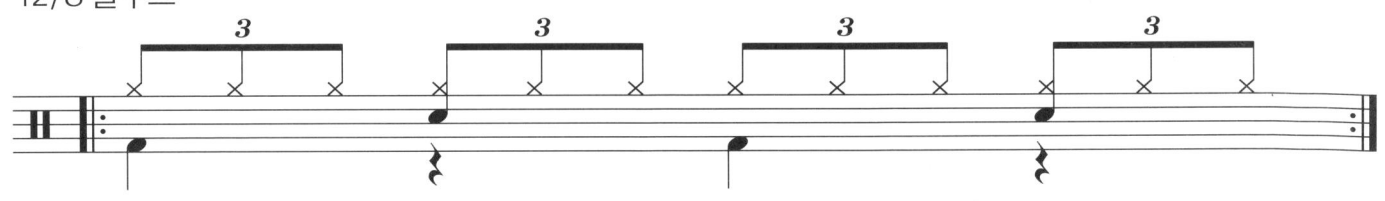

블루스 셔플 (스윙 느낌)

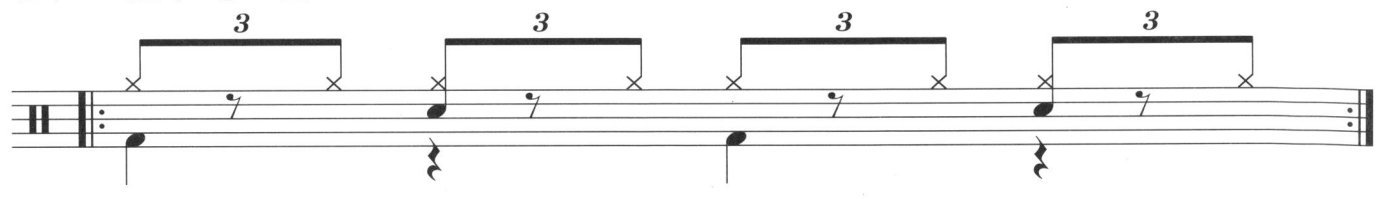